지구를 뒤흔드는
바람개비
태풍

이 책을 읽는 어린이에게

　인공위성이 찍은 태풍 영상을 보면 거대한 구름 무리가 바람개비처럼 도는 듯합니다. 어떤 태풍 바람개비는 우리나라 전체를 뒤덮고도 남을 만큼 크지요. 만일 우주에서 지구를 한눈에 내려다볼 수 있는 외계인이 본다면 태풍 중심에 막대기를 끼워서 바람개비처럼 돌리고 싶어 할지도 몰라요.

　태풍은 육지에 상륙해서 어마어마한 피해를 남길 때가 많아요. 태풍이 왔을 때 텔레비전이나 신문에서 홍수나 산사태가 나고, 건물의 지붕이 날아가거나 길가에 나무가 널브러져 있는 모습을 자주 봤을 거예요. 모두가 태풍이 가진 어마어마한 양의 비와 세찬 바람 때문에 일어난 일이지요.

　태풍 바람개비에 폭포를 연결한 것도 아니고 거대한 선풍기를 달아 놓은 것도 아닌데, 도대체 이 비와 바람은 어디서 오는 것일까요? 이것들은 바로 태풍이 지닌 엄청난 양의 에너지에서 오는 것들입니다. 태풍은 화산 폭발의 열 배에 달하는 무시무시한 에너지를 가지고 있어요.

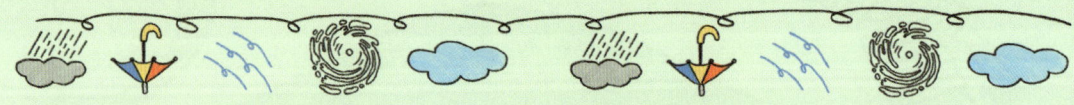

　태풍이 우리나라로 접근하고 있다면 정말로 우리나라에 상륙할지, 언제 어느 지역으로 어느 정도의 세기를 가지고 상륙할지 알고 싶을 거예요. 그래야 제대로 대비해서 태풍 피해를 최소화할 수 있을 테니까요. 태풍을 예측하려면 먼저 태풍에 대해 자세히 아는 것이 무엇보다 중요해요.

　이 책은 태풍이란 무엇이고 어디서 발생하며 모양과 안의 모습은 어떠한지, 왜 태풍이 태어난 열대 바다에 머물러 있지 않고 우리나라가 있는 중위도로 올라오는지 하나씩 알아봅니다. 이렇게 거대한 태풍을 어떻게 관찰하고 감시하는지, 앞으로 어떻게 진행될지 예측하는 방법도 함께 살펴보지요. 또 계속되는 지구 온난화로 인해서 태풍은 어떻게 변화할지도 생각해 봅니다.

　여러분이 이 책을 읽고 태풍에 대해서 올바른 지식을 갖기를 바라요. 혹시 알아요? 몇몇 어린이는 훗날에 태풍 예보관이 되어서 태풍으로부터 우리나라 국민과 재산을 안전하게 보호하게 될지요. 지식을 넓히고 꿈을 키워 나가는 데 이 책이 작게나마 도움이 되기를 바랍니다.

　책을 읽다 궁금한 점이 있거든 선생님에게 전자 우편(hoch@snu.ac.kr)으로 물어보세요!

허창회

이 책을 선택하신 부모님과 선생님께

　우리나라 기상청의 국가 태풍 센터에서는 머나먼 열대 바다에서 태풍이 발생할 때부터 태풍을 주의 깊게 감시하고 예측합니다. 거대한 구름 띠로 이뤄진 태풍은 엄청난 양의 비와 강한 바람을 동반하여, 육지에 상륙할 때면 어김없이 많은 사람이 다치고 큰 재산 피해를 입기 때문이지요. 과거 자료를 살펴보면 우리나라에서 태풍에 의한 피해액은 연간 1조 원 정도로, 전체 자연재해 피해의 절반이 넘는 금액입니다.

　태풍으로 인한 피해는 우리나라만의 이야기가 아닙니다. 일본이나 대만, 필리핀, 중국 남부 해안 지역에서는 우리보다 훨씬 큰 손해를 입고 있지요. 멀리 북대서양 지역도 마찬가지입니다. 2017년 8호 허리케인 '하비'가 미국 텍사스주 휴스턴 지역에 상륙했을 때는 140조 원에 이르는 경제적 피해가 일어났지요. 그해 우리나라 예산의 3분의 1에 달하는 어마어마한 액수였습니다.

　이렇게 큰 피해를 낳는 태풍은 왜 발생하는 것일까요?

　태풍은 바람, 구름, 비, 더위 등 수많은 기상 요인이 얽혀 있는 자연 현상입니다. 태풍을 이해하면 자연히 우리 지구를 둘러싼 대기 과학의 원리도 함께 이해할 수 있지요.

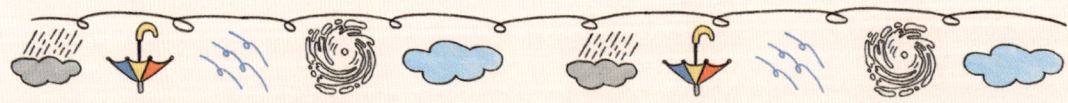

   이 책은 태풍과 관련한 기본 대기 과학 지식부터 태풍의 구조, 기상청에서는 태풍을 어떻게 관측하고 예측하고, 사람들에게 어떻게 예보하는지 차근차근 살펴봅니다. 태풍이 왔을 때 왜 비가 오다 그치기를 반복하는지, 바다에서 만약 태풍을 마주쳤을 때는 어떻게 대처해야 하는지, 태풍의 안은 어떻게 들여다볼 수 있는지 등 아이들의 흥미를 자극하는 내용이 가득하여 아이들의 지적 호기심을 채워 줄 것입니다. 또한 지구 온난화에 따른 태풍의 변화를 전망하는 내용도 함께 담고 있어, 날로 심각해지고 있는 기후 변화에 대해서도 곰곰 생각해 보도록 합니다.

   아이들과 함께 이 책을 읽으며 놀라운 자연 과학의 세계에 한 발 더 가까워질 수 있기를 바랍니다.

   부모님과 선생님께서 아이들이 책을 끝까지 읽을 수 있도록 지도해 주세요. 한 권의 책을 끝까지 읽을 수 있는 능력이 바로 자연 과학 공부를 잘할 수 있는 첫걸음이라고 생각합니다.

   책을 시작하기 전에 감사드려야 할 분들이 있습니다. 풀빛 출판사 홍석 사장님과 서울대학교 지구환경과학부 장민희 박사님이 많은 도움을 주었습니다. 감사합니다.

허창회

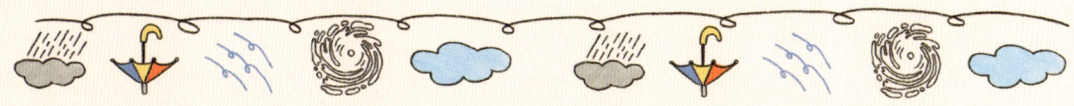

차례

이 책을 읽는 어린이에게 … 4
이 책을 선택하신 부모님과 선생님께 … 6

1. 날씨에 숨은 과학

- 공기에도 누르는 힘이 있다고요? … 13
- 바람이 불고 비가 오는 대류권 … 17
- 닮은 듯 다른 열대 저기압과 중위도 저기압 … 19
- 중위도를 휘도는 바람, 편서풍 … 25
- 물은 신비한 변신 마법사 … 28
- 구름은 어떻게 만들어질까요? … 30
- 태풍을 자라게 하는 잠열 … 31

2. 태풍의 발생과 소멸

- 태풍의 고향은 따뜻한 열대 바다 … 36
- 태풍도 이름이 필요해요 … 39
- 일반 태풍부터 초강력 태풍까지 … 44
- 열대 바다를 지나 중위도로 갈 테야 … 47
- 수증기 없이는 살 수 없어요 … 51

3. 태풍의 생김새

- 거대한 구름을 몰고 다니는 태풍 … 55
- 맑은 하늘이 보이는 태풍의 눈 … 57
- 엄청난 비를 뿌리는 비구름 … 60
- 중심부로 갈수록 세차게 부는 바람 … 64
- 태풍을 만났을 때는 가항 반원으로! … 66

4. 태풍 관측하기

- 태풍을 관측하는 바다 위 부이 … 71
- 관측 장비를 싣고 하늘로 두둥실! … 73
- 태풍을 향해 전파를 쏘다! … 75
- 지구 밖에서 태풍을 내려다보는 인공위성 … 77
- 태풍 속을 구석구석 누비는 비행기 … 79

5. 태풍에 대처하기

- 물난리와 산사태, 해일을 일으키는 태풍 … 87
- 우리나라를 거쳐간 가장 강력한 태풍 … 90
- 태풍이 이롭기도 하다고요? … 92
- 슈퍼컴퓨터와 일기도로 태풍을 예측해요 … 93
- 태풍 경보는 언제 발표될까요? … 95
- 태풍이 왔을 때 대처하는 방법 … 97

6. 지구 온난화와 태풍

- 비상! 지구가 뜨거워지고 있어요 … 102
- 더워지는 열대 바다, 늘어나는 수증기 … 105
- 지구 온난화가 태풍을 강하게 만든다고요? … 108
- 미래에는 태풍이 더 많아질까, 적어질까? … 109

1. 날씨에 숨은 과학

태풍이 온 날을 생각해 보세요. 세찬 바람과 많은 비가 가장 먼저 떠오르지 않나요? 태풍이 우리나라에 상륙했을 때 몰아치는 바람과 비는 우리에게 무시무시한 피해를 안겨요. 바람에 우산이 뒤집히는 것은 물론이고, 나무가 뽑히거나 창문이 깨지고 심할 때는 건물이 무너지기까지 해요. 하늘에서 수도꼭지를 틀어 놓은 것처럼 비가 쉴 새 없이 쏟아져 내려 물난리와 산사태가 나기도 하지요.

어마어마한 위력을 지닌 태풍! 태풍은 왜 생기는 걸까요? 태풍은 어떻게 바람과 비를 몰고 오는 걸까요? 태풍 피해를 막을 방법은 없을까요? 이 답을 찾으려면 먼저 공기와 기압은 무엇인지, 바람과 비는 어떻게 만들어지는지를 알아야 해요.

2002년 발생한 태풍 루사의 모습이에요.
지금까지 우리나라에 상륙한 태풍 중에 가장 많은 피해를 입혔어요.

공기에도 누르는 힘이 있다고요?

　태풍(颱風)의 한자어를 풀면 '몹시 부는 바람'을 뜻해요. '바람'은 공기가 이동하는 것을 말해요. 공기가 움직이지 않으면 바람도 없는 것이지요.

　그렇다면 '공기'는 무엇일까요?

　공기는 하늘에 떠 있는 기체를 말해요. 다른 말로 '대기'라고도 해요. 지구의 대기를 구성하는 주요 기체는 질소와 산소예요. 질소가 78퍼센트 그리고 산소가 21퍼센트로, 전체 공기의 99퍼센트를 차지하지요. 우리가 편하게 숨 쉴 수 있는 것은 이처럼 지구에 산소가 풍부하기 때문이랍니다.

　다음으로 많은 기체가 아르곤인데, 대기의 0.9퍼센트 정도를 차지해요. 이 밖에도 수증기와 이산화 탄소, 오존 등 대기에서 차지하는 양은 매우 적지만 지구에서 사람이 살아가는 데 적절한 환경을 만들어 주는 여러 종류의 기체가 대기에 포함되어 있어요.

지구의 대기에 있는 모든 기체를 합한 총량은 거의 일정해요. 하지만 특정 시간과 공간에 따라 공기의 양은 항상 변하지요. 이게 무슨 말이냐고요? 예를 들면 우리나라에 공기가 많으면 중국에는 적다든가, 우리나라에서 이번 주에 공기가 많으면 다음 주에는 적어지는 것 같은 거지요. 정말 신기하지요?

지구에는 지구 중심으로 끌어당기는 힘인 중력이 있어요. 우리가 중력으로 인해 지구에 발을 붙이고 있는 것처럼 공기도 마찬가지예요. 공기에는 중력의 영향을 받아서 아래로 누르는 힘이 있는데, 이것을 '기압'이라고 해요.

종이 몇 장보다 100쪽짜리 책 한 권이 누르는 힘이 더 큰 것처럼 공기가 많은 지역에서는 누르는 힘이 크고, 적은 지역에서는 누르는 힘이 작아요. 이처럼 공기가 누르는 힘이 큰 지역을 '고기압 지역', 반대로 누르는 힘이 작은 지역을 '저기압 지역'이라고 불러요.

서로 달라도 너무 다른 고기압과 저기압

	고기압	저기압
주변 기압과 비교했을 때	기압이 높은 곳	기압이 낮은 곳
바람의 방향	시계 방향	반시계 방향
공기의 흐름	하강 기류	상승 기류
날씨	대체로 맑음	비, 눈이 내리는 때가 많음

고기압과 저기압은 어떻게 확인할 수 있을까요? 일기 예보에서 일기도를 본 적이 있나요? 일기도는 기상청 홈페이지(www.weather.go.kr)에서도 쉽게 볼 수 있는데, 지역 간 기압이 얼마나 다른지가 그림으로 그려져 있어요. 물론 기압 말고도 기온과 바람 등 날씨를 이루는 수많은 기상 요소가 함께 표시되어 있지요.

일기도에서 H로 표시된 곳이 고기압, L로 표시된 곳이 저기압 지역이에요. 보라색으로 표시된 곳은 지상 1.5킬로미터 고도에서 초속 12미터 이상의 강한 바람이 부는 지역이지요. 붉은 선은 대류권 상층에 강한 바람이 부는 지역을 연결한 거예요.

일기도를 보면 겹겹이 둥글게 연결된 선을 볼 수 있는데, 이 선을 '등압선'이라고 해요. 기압이 같은 지점을 연결한 것이지요. 등압선의 모양을 보면 고기압과 저기압이 어디에 위치하는지, 얼마나 강한지를 알 수 있어요.

바람이 불고 비가 오는 대류권

공기는 지구의 표면에서 100여 킬로미터 떨어진 높이에도 있어요. 우리가 발 디디고 있는 지표면 근처와 비교하면 아주아주 적은 양이지만 말이에요. 이처럼 지표면 위로 공기가 있는 높이까지를 '대기층'이라고 불러요.

한라산이나 지리산처럼 높은 산을 오르다 보면 산 아래에 있을 때보다 춥다는 느낌이 들어요. 열심히 산을 오르느라 땀이 나서 더울 법도 한데, 이상하지요? 이것은 고도가 높아질수록 기온이 떨어지기 때문이에요. 그래서 전문 등산가들은 추위에 대비해서 준비를 철저히 하고 산에 오르지요.

그런데 대기는 높이 올라갈수록 기온이 꼭 내려가는 것만은 아니에요. 높이에 따라 기온이 떨어지고 올라가는 형태가 반복돼요.

기온 변화의 형태에 따라 대기층은 크게 네 구간으로 나뉘어요.

지표면에서 10~20킬로미터 떨어진 높이까지는 '대류권'으로, 기온이 감소하는 층이에요. 그 위 50킬로미터 높이까지는 기온이 상승하

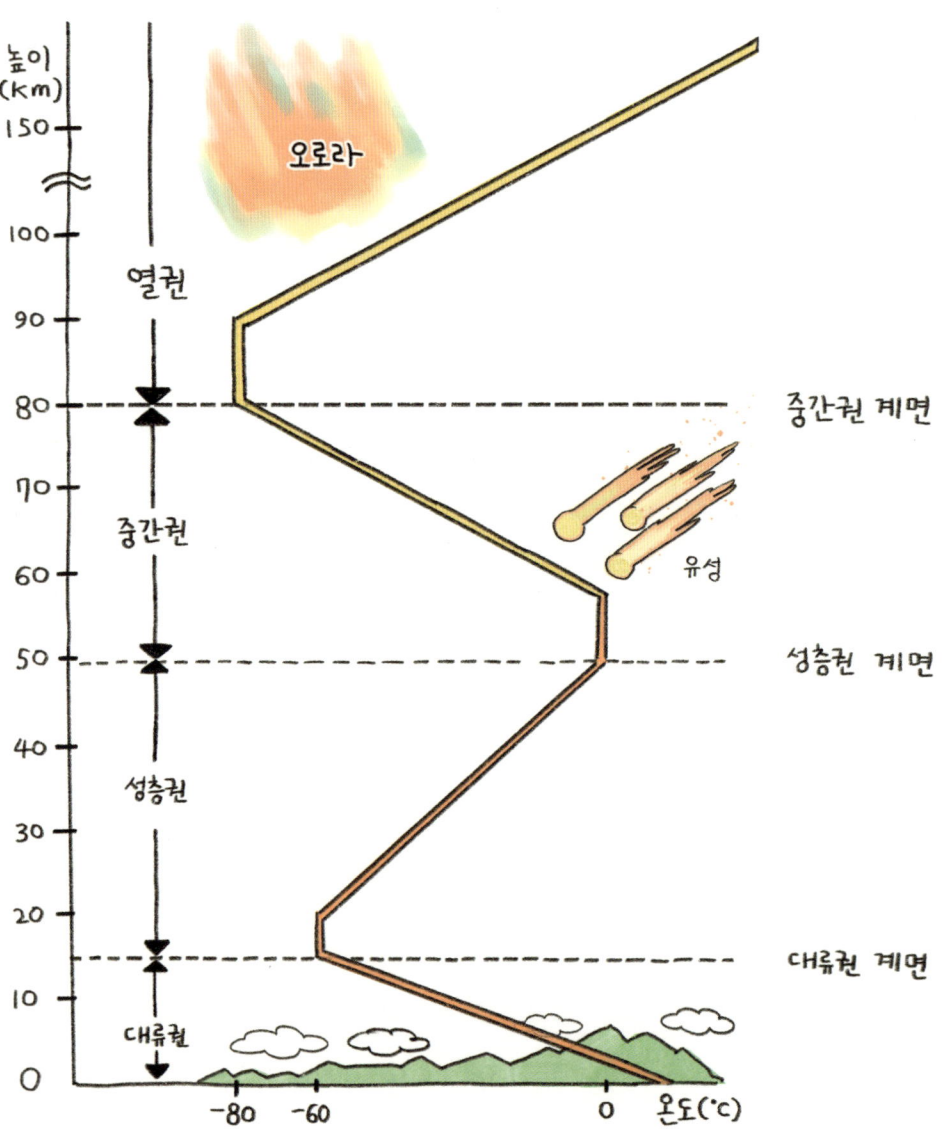

는데, 이곳을 '성층권'이라고 불러요. 그 위 80킬로미터 높이까지는 다시 기온이 감소해요. 이곳은 '중간권'이라고 부르지요. 그 위부터 대기 꼭대기까지를 '열권'이라고 하는데, 이곳에서는 다시 기온이 상승해요. 대개 지표면에서 200~300킬로미터 떨어진 높이에는 공기가 거의 없어서 과학자들은 이곳을 대기층의 꼭대기로 여기지요.

바람이 불고 비가 오는 등의 기상 현상은 대부분 지표면에 가장 가까운 대기층인 대류권에서 일어나요. 태풍 또한 마찬가지예요. 하지만 태풍 구름이 강하게 발달하면 대류권을 넘어 성층권의 아랫부분까지 세력을 확장하는 경우도 있답니다.

닮은 듯 다른 열대 저기압과 중위도 저기압

태풍의 또 다른 이름은 '강하게 발달한 열대 저기압'이에요. 열대 저기압은 열대 지역에서 발생하는 저기압을 부르는 말이에요. 열대 저기압이라는 이름을 보면 알 수 있듯이, 지구에서 지금까지 발생한 모든 태풍은 열대 지역에서 생겨났어요.

열대 저기압의 특징은 중위도 저기압과 비교해서 살펴보면 쉽게 이해할 수 있어요. 중위도 저기압은 우리나라가 있는 중위도 지역에서 만들어지는 저기압이에요. 둘 다 '저기압'이라는 말이 들어가니 비슷한 것으로 생각할 수도 있겠지만, 자세히 들여다보면 열대 저기압과 중위도 저기압은 아주 다르답니다.

열대 저기압은 발생할 때부터 중심을 둘러싼 등압선이 거의 원형을 이루고 있어요. 양궁 선수들이 화살을 쏘는 과녁과 같은 모양을 하고 있지요. 또 중심으로 갈수록 등압선 간격이 촘촘해져요. 리모컨에서 건전지 넣는 곳을 보면 안에 스프링 단자가 있지요? 일기도에서 보는 태풍은 마치 이 스프링 단자가 꾹 눌러져 있는 것처럼 생겼어요. 중심부의 선 간격이 무척 좁아서 금세라도 튀어나올 것만 같지요.

열대 저기압과 다르게 중위도 저기압은 만들어질 때부터 전선을 동반하는 경우가 많아요. 등압선 모양은 호빵처럼 한쪽이 눌린 듯이 생겼고, 등압선 간격은 거의 비슷하지요.

두 저기압은 생김새뿐 아니라 움직이는 방향도 달라요. 열대 저기압은 발생한 후에 서쪽으로 향하면서 중위도로 올라와요. 그러다가 중위도에 이르면 편서풍대를 만나서 동쪽으로 꺾여요. 앞으로 날아가던 종이비행기가 옆에서 부는 선풍기 바람을 만나면 나는 방향이 바뀌듯이 말이에요.

중위도 저기압은 중위도 지역에서 발생하고, 편서풍의 영향을 받아 대부분 서쪽에서 동쪽으로 움직여요.

열대 저기압과 중위도 저기압은 저기압을 만드는 에너지원에도 차이가 있어요.

열대 저기압의 에너지원은 '잠열'이에요. 수증기와 물, 얼음이 상태가 바뀔 때 열이 들어오고 나가는데, 이렇게 드나드는 열을 잠열이라고 해요. 열대 저기압은 뜨거운 열대 바다에서 증발한 기체 상태의 수증기가 액체인 물로 바뀌면서 내뿜는 잠열에서 힘을 얻어요.

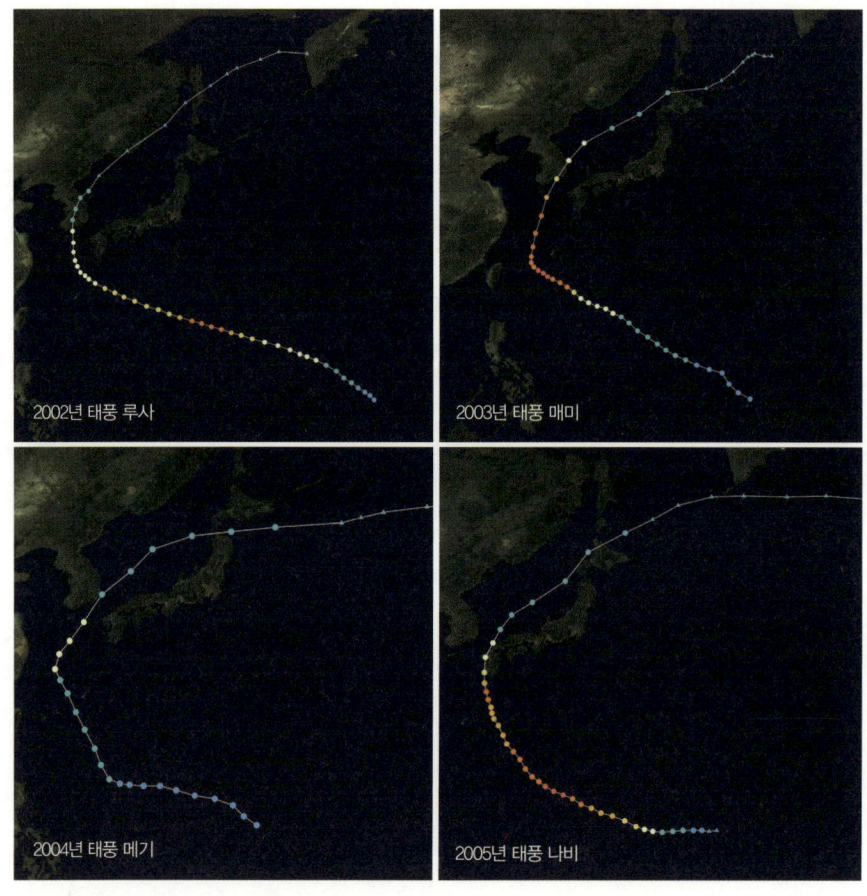

우리나라에 상륙했던 태풍들의 경로예요.
모두 서쪽을 향해 올라가다가 중위도에서 편서풍대를 만나 동쪽으로 꺾인 것을 볼 수 있어요.

중위도 저기압은 성질이 서로 다른 공기 덩어리가 만났을 때, 상대적으로 더운 공기가 상승해서 생기는 위치 에너지에서 힘을 얻어요.
수평으로 펼쳐진 크기도 한번 비교해 볼까요? 열대 저기압은 아무리 크더라도 지름이 1천 킬로미터 정도예요. 하지만 중위도 저기압은 지름이 수천 킬로미터에 이를 만큼 매우 크답니다.

열대 지역과 중위도 지역을 찾아서!

국가나 지역의 정확한 위치를 말할 때 '위도'와 '경도'를 이용하면 쉽게 설명할 수 있어요. 커다란 공같이 생긴 지구 표면에 가상으로 가로와 세로로 선을 그어서 수리적인 위치를 알려 주는 거지요. 이때 가로선을 위도, 세로선을 경도라고 해요.

지구 가운데를 좌우로 가로지르는 선을 '적도'라고 하는데, 위도는 적도로부터 북쪽과 남쪽으로 얼마나 떨어져 있는지를 나타내지요.

적도에서 북쪽으로 90도 떨어진 곳이 북극, 남쪽으로 90도 떨어져 있는 곳이 바로 남극이에요. 우리나라 서울의 위도는 북위 37.34도예요. 적도를 기준으로 북쪽으로 37.34도 떨어져 있기 때문이에요.

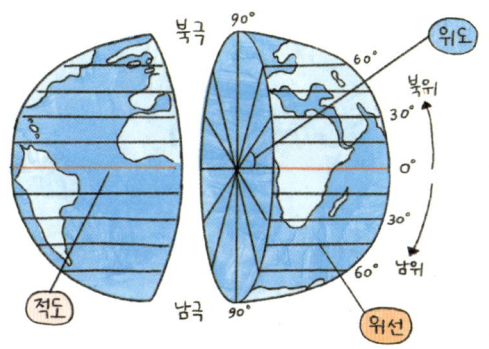

열대 지역은 적도부터 30도에 이르는 곳까지를 가리켜요. 이곳에서 열대 저기압이 만들어지지요. 30~60도는 중위도 지역이에요. 우리나라가 있는 이곳에서 중위도 저기압이 만들어져요.

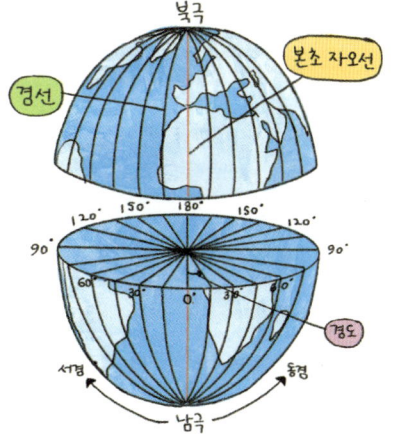

기온이 다른 공기가 만날 때 생기는 '전선'

기온이 서로 다른 두 개 이상의 공기 덩어리가 만나면 곧장 섞이지 않고 한동안 각자의 성질을 유지해요. 이때 두 개의 공기가 만나는 경계를 '전선'이라고 해요.

따뜻한 공기 덩어리가 차가운 공기 덩어리 위로 지나갈 때 나타나는 전선을 '온난 전선'이라고 해요. 반대로 차가운 공기 덩어리가 따뜻한 공기 덩어리 밑으로 파고들면 '한랭 전선'이 생기지요. 온난 전선과 한랭 전선은 전선 안의 공기 움직임이 달라서, 만들어지는 구름 모양도 다르고 비가 내리는 형태도 달라요.

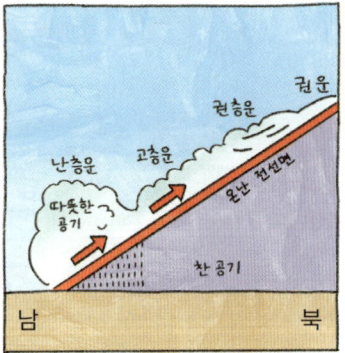

	한랭 전선	온난 전선
전선면의 기울기	급경사	완만
전선의 이동 속도	빠르다	느리다
강수 구역 및 시간	좁다, 짧다	넓다, 길다
구름 및 강수 형태	적란운, 소나기, 뇌우	층운, 이슬비
구름 형태	적란운	층운

중위도를 휘도는 바람, 편서풍

공기는 대기 중에서 어느 곳이나 공기의 양을 같게 하여 균형을 맞추려는 성질을 가지고 있어요. 공기가 많은 지역과 적은 지역이 있다면, 공기는 지역 간의 공기량 차이를 없애기 위해서 공기가 많은 지역에서 적은 지역으로 움직여요.

공기가 많은 지역에서는 공기가 누르는 힘인 기압이 크고(고기압), 적은 지역에서는 기압이 작다고(저기압) 했었지요? 이 기압 차이를 없애려고 고기압 지역에 있는 공기가 저기압 지역으로 움직이는 거예요. 욕조 한쪽에서 물을 틀어도 금세 욕조 안 전체 물 높이가 같아지는 것처럼 말이에요.

이처럼 공기가 움직이는 것이 '바람'이에요. 기압 차이가 클수록 공기는 빨리 움직이고, 바람도 강해져요. 반대로 기압 차이가 작으면 공기는 천천히 움직이기 때문에 바람도 약하게 불지요. 기압 차이가 없을 때는 어떨까요? 공기가 움직이지 않으니 바람도 불지 않아요.

바람은 위도에 따라서도 다양한 형태로 불어요.

앞서 열대 바다에서 생긴 열대 저기압이 중위도로 올라와서 편서풍을 만나면, 그전까지 서쪽으로 향하던 방향이 동쪽으로 틀어진다고 했던 것을 기억하지요? 편서풍은 중위도 지역에서 부는 바람으로, 서쪽에서 동쪽으로 부는 바람이에요. 중위도의 대류권에서는 서쪽에서 불어오는 서풍이 항상 불고 있어서 중위도 지역을 '편서풍 지역' 또는 '편서풍대'라고도 불러요.

한편 열대 지역에서는 동쪽에서 서쪽으로 향하는 동풍이 불어요. 옛날에 대서양이나 인도양, 태평양을 오가는 무역선이 이 바람을 이용해서 다녀서, 이 동풍을 '무역풍'이라고 부르지요.

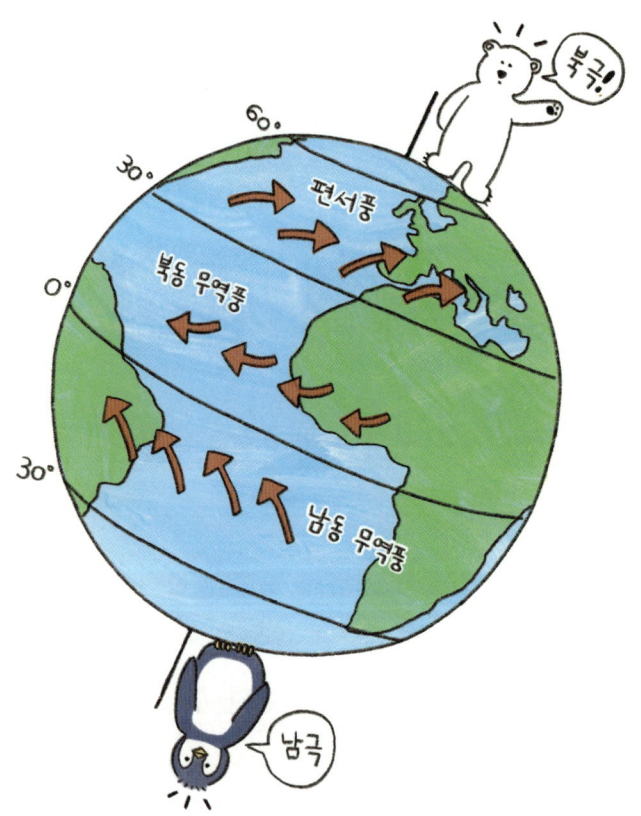

중위도에서는 왜 서풍이 부는 걸까요? 대류권에서 보았을 때 열대 지역에서는 고기압이, 중위도 지역에서는 저기압이 나타나기 때문이

지구의 자전으로 생기는 '전향력'

전향력은 지구 위에 부는 바람의 방향을 바꾸는 힘의 하나예요. '코리올리 힘'이라고도 부르는데, 전향력을 처음 주장한 프랑스 물리학자 코리올리의 이름에서 따온 것이지요.

지구는 하루에 한 번 서쪽에서 동쪽으로 자전하는데, 시간당 15도 각도(360도÷24시간 = 시간당 15도)로 움직여요. 우리나라에서도 한 시간에 15도, 북극에 가까운 알래스카에서도 한 시간에 15도의 각속도로 자전하지요.

하지만 둥근 공 모양의 지구 위에서는 위도마다 자전축으로부터 떨어져 있는 거리가 다르므로 실제로 자전하면서 움직이는 거리는 달라요. 우리나라는 알래스카보다 위도가 낮아서 상대적으로 자전축에서 멀리 떨어져 있어요. 우리나라가 한 시간 안에 알래스카와 똑같이 15도를 돌리려면 더 빠르게 움직여야겠지요? 따라서 우리나라는 알래스카보다 자전 속도가 빨라요.

전향력은 이처럼 지구의 자전 방향과 자전 속도 때문에 나타나요. 전향력의 영향을 받아서 남과 북으로 부는 바람은 움직이는 방향의 오른쪽으로 휘어서 불어요.

다시 말해서 북반구에서 부는 남풍은 전향력의 영향을 받아서 서풍이 되고, 북풍은 동풍으로 변하지요. 남반구에서는 지구 자전 방향이 북반구와는 반대여서 전향력이 왼쪽으로 작용해요.

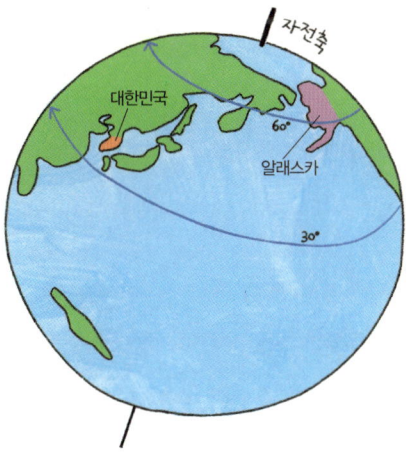

에요. 따라서 공기는 자연스럽게 고기압인 열대 지역에서 저기압인 중위도 지역으로 움직이면서 남풍이 불게 되지요. 이때 지구가 서쪽에서 동쪽으로 자전하기 때문에 생기는 전향력의 영향을 받아서 바람이 오른쪽으로 휘어요. 남풍이 서풍으로 바뀌어 불게 되는 것이지요.

편서풍은 우리나라가 있는 북반구 중위도에서뿐만 아니라, 남반구의 중위도에서도 나타나요. 남반구에서는 공기가 적도에서 남극 방향으로 움직이고, 전향력 방향도 북반구와 반대여서 바람이 왼쪽으로 휘어요.

물은 신비한 변신 마법사

영화나 애니메이션을 보면 멋진 자동차가 쌩쌩 달리다가 로봇으로 변신하는 장면이 나와요. 실제로 이렇게 다른 모습으로 변할 수 있다면 얼마나 멋질까요?

그런데 알고 있나요? 대기에도 신비한 변신술을 펼치는 마법사가 있다는 사실을요.

그 주인공은 바로 물이에요. 물은 기체인 수증기, 액체인 물 그리고 고체인 얼음으로 상태를 바꿔요. 인위적으로 힘을 가하지 않아도 자연 상태에서 상태가 바뀌는 물체는 지구에서 물이 유일해요.

우리는 더운 여름날이면 무더위를 피하려고 서늘한 곳을 찾아요. 가끔은 얼음으로 뒤덮인 북극이나 남극으로 피서를 떠나고 싶은 생각이 들기도 하지요. 하지만 그러려면 비행기로 상당한 시간을 날아가야 해요. 북극이나 남극처럼 시원한 곳을 우리 가까이에서는 찾을 수 없을까요?

그럴 때는 방법이 있어요. 우리가 서 있는 곳에서 하늘로 똑바로 올라가면 돼요. 너무 높이 올라가지 않아도 돼요. 대류권에서 1킬로미터 올라갈 때마다 기온이 약 6.5도씩 낮아지거든요. 3킬로미터만 올라가도 기온은 우리가 서 있는 지표면보다 20도나 낮아지지요.

물론 우리가 하늘로 올라가려면 비행기처럼 하늘을 나는 기구가 필요해요. 하지만 몸이 가벼운 공기는 하늘을 날 수 있어요. 기체 상태인 수증기는 공기의 흐름을 쫓아서 하늘 높이 올라가요. 하늘로 올라간 수증기는 낮아지는 대기 기온에 따라 온도가 낮아지면서, 물 또는 얼음으로 바뀌어요. 물론 반대로도 가능해요. 대기의 기온이 높아지면 얼음이 물로, 물이 수증기로 바뀌지요.

앞서 잠깐 나왔던 '잠열'을 기억하나요? 물의 상태가 바뀔 때 잠열이 들어오고 나가는데, 태풍은 바로 이 에너지로 인해 발생하고 성장한답니다.

구름은 어떻게 만들어질까요?

하얀 김이 폴폴 뿜어져 나오는 가습기를 본 적 있나요? 겨울철이 되면 실내가 건조해지지 않게 가습기를 틀어 놓는 사람이 많아요.

가습기 중에는 '상대 습도'가 표시되는 제품도 있어요. 50퍼센트나 70퍼센트 같은 식으로 말이지요. 상대 습도는 무엇을 가리키는 숫자일까요?

상대 습도를 알려면 먼저 '포화 수증기량'을 알아야 해요. 상대 습도는 포화 수증기량과 비교해서 현재의 수증기량이 어느 정도인지를 나타낸 비율이거든요. 예를 들어 상대 습도가 50퍼센트라면 현재 수증기량이 포화 수증기량의 절반 정도라는 얘기예요. 그렇다면 포화 수증기량이 무엇인지 알아보도록 해요.

대기에서 질소는 78퍼센트, 산소는 21퍼센트의 비율로 일부 기체는 양이 고정돼 있기도 하지만, 수증기는 기온에 따라 대기가 최대로 머금

을 수 있는 양이 달라져요. 기온이 높으면 대기가 머금을 수 있는 최대 수증기량이 많아지고, 반대로 기온이 낮으면 줄어들지요. 이렇게 기온에 따라 변하는 최대 수증기량을 포화 수증기량이라고 해요.

그런데 공기의 온도가 낮아지면 상대 습도는 높아져요. 왜 그럴까요? 공기가 머금은 수증기량은 그대로인데, 포화 수증기량은 줄어들기 때문이에요.

상대 습도가 100퍼센트가 되면 수증기는 더는 기체로 있지 못하고 액체인 물로 변해요. 이렇게 물로 변해서 하늘에 떠 있는 것이 바로 구름이에요. 높이가 더 높아져서 기온이 더 낮아지면 구름은 얼음으로 이루어져 있겠지요? 대개 기온이 영하 20도 미만인 대기에 있는 구름은 거의 얼음으로 이루어져 있어요.

태풍을 자라게 하는 잠열

뜨거운 여름날 빨래를 널어놓으면 금세 말라요. 빨래의 물기가 대기로 날아가기 때문이지요. 무엇이 물을 대기로 증발시킨 걸까요?

그 주인공은 바로 태양의 열에너지예요. 열에너지가 빨래에 남아 있는 물의 온도를 높여서 수증기로 상태를 변화시킨 거지요. 물에 열을 가하면 보글보글 끓으면서 수증기가 나오고, 물의 양이 줄어드는 것도 같은 원리예요.

물의 온도가 100도에 이르면 계속해서 열을 가해도 100도보다 더 높아지지는 않아요. 대신에 액체인 물이 기체인 수증기로 상태가 바뀌지요. 온도가 100도인 물 1그램을 수증기로 바꾸려면 540칼로리의 열이 필요해요. 반대로 수증기가 물로 바뀔 때는 같은 양의 열에너지가 빠져야 하지요. 이때 들어오고 나가는 열이 바로 '잠열'이에요. 우리 눈에는 보이지 않는 열이라고 해서 붙은 이름으로, '숨은열'이라고도 불러요.

앞서 열대 저기압의 에너지원이 잠열이라고 했던 것을 기억하나요? 수증기를 포함한 공기가 하늘로 올라가서 구름이 만들어지면 수증기 안에 있던 잠열이 방출돼요. 이 잠열이 대기의 온도를 높이지요. 그러면 안에 있던 공기는 위로 올라가고, 공기가 빠져나간 열대 저기압의 아랫부분에 저기압이 만들어져요. 기압 차이를 없애기 위해 주변 공기가 이곳으로 모여들면서 열대 저기압으로 수증기가 더욱 활발하게 공급되고, 열대 저기압은 더욱 강하게 발달하여 태풍으로 발전하지요.

2. 태풍의 발생과 소멸

바람이 얼마나 강하게 불어야 태풍이라고 부를 수 있을까요? 과학자들은 중심 부근의 최대 풍속이 초속 17미터 이상 되어야 한다고 정의해요. 1초에 17미터 이상을 달리는 속도라니, 정말 어마어마하지요?

그렇다면 이렇게 강한 바람만 불면 모두 태풍이라고 할 수 있을까요? 아니요, 그렇지 않아요. 태풍에서 비가 빠지면 안 되지요. 태풍은 지나는 곳마다 하루에도 수백 밀리미터가 넘는 비를 뿌려요. 그래서 아주 큰 구름 무리를 이끌고 다니지요. 가끔은 우리나라를 덮고도 남을 만큼 아주 거대한 구름을 몰고 다니기도 해요.

  초속 17미터 이상의 강한 바람이 부는 큰 구름 무리는 대부분 열대 바다에서 만들어져요. 열대 바다는 태풍이 발생하는 데 필요한 여러 조건이 잘 갖춰져 있어요. 전 세계 열대 바다의 절반이 넘는 지역에서 태풍이 생겨나는데, 특히 북태평양의 서쪽 지역에서 가장 많이 발생해요. 이 지역에서 만들어지는 많은 열대 저기압 중에 중심부의 최대 풍속이 초속 17미터 이상이 되면 과학자들은 "태풍이 발생했다."고 해요.

태풍의 고향은 따뜻한 열대 바다

  해마다 전 세계 열대 바다에서는 수백 개의 열대 저기압이 만들어져요. 그중 80개 정도가 태풍으로 발달하지요. 열대 저기압은 북서태평양, 북동태평양, 북대서양, 북인도양, 남태평양, 남인도양에서 발생한 뒤, 따뜻한 해수면을 지나면서 잠열을 공급받으며 점점 강해져요. 따라서 이 지역들이 바로 태풍이 나고 자라는 고향인 셈이지요.

  열대 저기압은 발생하는 지역에 따라서 부르는 이름이 달라요. 북서태평양에서 발생하면 '태풍', 북동태평양과 북대서양에서 생겨난 것은 '허리케인', 남태평양과 북인도양, 남인도양에서 만들어진 것은 '사이클론'이라고 불러요.

북서태평양에서 만들어지는 태풍은 전 세계에서 발생하는 태풍의 38퍼센트를 차지해요. 그리고 북동태평양과 북대서양의 허리케인, 남반구 인도양과 태평양의 사이클론이 각각 28퍼센트를 차지하지요.

태풍은 태어나는 바다가 어디인지에 따라서 태어나는 시기도 달라

태풍은 해마다 평균적으로 북반구에서 58개, 남반구에서 22개가 발생해요.

요. 북반구 바다에서는 5~11월에 태풍이 많이 만들어지고, 북반구와 계절이 반대인 남반구 바다에서는 11~4월에 많이 생겨요.

태풍과 허리케인, 사이클론은 어디서 비롯된 이름일까?

태풍의 영어 '타이푼(Typhoon)'의 유래는 그리스 신화에서 찾을 수 있어요. 대지의 여신 가이아는 거인 타르타로스와 결혼해서 '티폰(Typhon)'을 낳았어요. 티폰은 뱀 100마리의 머리와 강력한 힘을 가진 용사였어요. 하지만 제우스 신의 공격을 받아서 불을 내뿜는 힘을 뺏기고, 폭풍우를 일으키는 힘만 남게 되었지요. 사람들은 하늘에서 만들어지는 폭풍우를 티폰의 이름과 연결 지어 부르기 시작했고, 이렇게 해서 타이푼이라는 이름이 생겨났답니다.

'허리케인(Hurricane)'은 카리브해 지역 원주민들이 쓰던 말인 타이노어의 '우라칸(Hurakàn)'에서 유래했어요. 오래전 스페인 사람들이 카리브해를 탐험하면서 폭풍우를 만나 크게 고생했는데, 원주민들이 이 폭풍우를 우라칸이라고 얘기하는 것을 들었어요. 우라칸은 마야 문명의 신화에 나오는 날씨의 신으로, 바람과 폭풍우, 불을 다스렸지요. 그 뒤로 우라칸이라는 이름은 허리케인으로 변형되었고, 오늘날까지 쓰이게 되었답니다.

'사이클론(Cyclone)'은 그리스 신화에 나오는 외눈박이 거인 키클롭스의 이름에서 왔어요. 키클롭스는 영어로 '사이클롭스(Cyclops)'라고 써요. 태풍의 한가운데는 '태풍의 눈'이라고 부르는 곳이 있는데, 이 모습을 보면 외눈박이 거인 키클롭스가 떠오르지요.

태풍도 이름이 필요해요

태풍은 먼바다에서 태어나서 대부분의 일생을 바다에서 보내요. 옛날에는 태풍이 육지에 상륙하지 않으면 몇 개나 발생하는지를 정확하게 파악할 수 없었어요. 비행기로 바다 위를 날아다니고 인공위성으로 관찰할 수 있게 된 후에야 태풍이 어디에서 언제 몇 개나 발생하는지 알게 되었지요.

우리가 각자 이름을 갖고 있듯이 태풍도 이름이 필요해요. 이름이 없다면 해마다 수십 개씩 발생하는 태풍을 구별하기 어렵겠지요?

태풍은 제2차 세계 대전 후 미국의 공군과 해군에 의해 공식적으로 이름이 붙기 시작했어요. 처음에는 태풍 예보관의 아내나 여자 친구의 이름을 사용했어요. 때로는 싫어하는 정치인의 이름을 붙이기도 했지요. 1978년까지는 여성의 이름을 쓰다가, 그 후에는 남자와 여자의 이름을 번갈아 사용했어요. 사람들에게 큰 피해를 주는 태풍에 여자 이름만 붙이는 것이 부당하다는 여성 단체의 항의를 받아서 방식을 바꾸었다는 이야기도 있지요.

1999년까지는 이런 식으로 미국 공군과 해군의 합동 태풍 경보 센터에서 태풍 이름을 지었어요. 그러다 1999년 11월 서울에서 제32차 태풍 위원회 총회가 열렸고, 아시아의 태풍 피해를 줄일 수 있는 방법을 논의하면서, 태풍 이름을 아시아·태평양 국가들이 합의해서 짓자고 결정했어요. 태풍에 친숙한 이름을 붙여서 관심과 경계를 높이고자 했지요.

우리나라를 포함하여 태풍의 영향을 받는 아시아·태평양 열네 개 태풍 위원회 회원국은 이름을 열 개씩 제출하여 모두 140개의 태풍 이름을 만들었어요. 이렇게 모인 이름을 스물여덟 개씩 다섯 조로 나눠서, 각 국가에서 제출한 이름이 한 조에 두 개씩 포함되도록 목록을 구성하였지요.

이렇게 만들어진 이름은 2000년에 발생한 태풍부터 쓰이기 시작했어요. 태풍의 이름은 목록의 순서에 따라서 붙여요. 42쪽에 있는 이름 목록을 한번 볼까요? 태풍 '담레이'가 발생했으면 다음 태풍에는 같은 1조에 속한 '하이쿠이', 그다음은 '기러기'로 부르는 방식이지요. 5조 마지막 이름인 '사올라'까지 다 사용하고 나면, 다시 1조 맨 처음으로 돌아가서 '담레이'로 이름 붙여요.

140개의 태풍 이름을 반복해서 사용하면 이름이 헷갈릴 것 같지만, 그렇지 않아요. 태풍 이름에 발생 연도를 같이 써서 기록하거든요. 예를 들면 2002년 우리나라에 엄청난 피해를 끼쳤던 태풍 루사는 '루사(2002)'와 같이 표기해요.

그런데 태풍 이름을 붙일 때는 예외가 있어요. 태풍으로 큰 피해가 일어나면 피해를 입은 나라는 그 태풍에 붙었던 이름이 더는 쓰이지 않기를 원할 수 있어요. 그러면 해당 이름을 제출한 나라에서는 그 이름을 대신할 다른 이름을 만들어서 목록에 있는 태풍 이름을 바꿔야만 해요. 그래서 2002년에는 태풍 이름 목록에 포함되었던 '루사'가 오늘날 우리가 사용하고 있는 목록에는 빠져 있어요.

물론 우리가 태풍에 이름을 붙이는 것처럼 북미와 인도, 오스트레일리아에서도 허리케인과 사이클론에 독자적으로 이름을 붙여 부르고 있어요.

* **태풍의 이름** (2022년 3월 24일 기준)

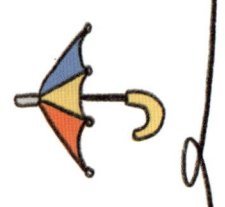

	1조	2조
캄보디아	담레이	콩레이
중국	하이쿠이	인싱
북한	기러기	도라지
홍콩	윈욍	마니
일본	고이누	우사기
라오스	볼라벤	파북
마카오	산바	우딥
말레이시아	즐라왓	스팟
미크로네시아	에위니아	문
필리핀	말릭시	다나스
한국	개미	나리
태국	프라피룬	위파
미국	마리아	프란시스코
베트남	손띤	꼬마이
캄보디아	암필	크로사
중국	우쿵	바이루
북한	종다리	버들
홍콩	산산	링링
일본	야기	가지키
라오스	리피	농파
마카오	버빙카	페이파
말레이시아	풀라산	타파
미크로네시아	솔릭	미탁
필리핀	시마론	라가사
한국	제비	너구리
태국	끄라톤	부알로이
미국	바리자트	마트모
베트남	짜미	할롱

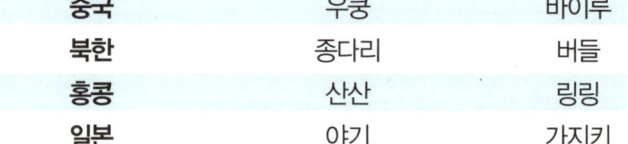

3조	4조	5조
나크리	크로반	트라세
펑선	두쥐안	무란
갈매기	수리개	메아리
풍웡	초이완	망온
고토	고구마	도카게
노카엔	참피	힌남노
페냐	인파	무이파
누리	츰파카	므르복
실라코	네파탁	난마돌
하구핏	루핏	탈라스
장미	미리내	노루
메칼라	니다	꿀랍
히고스	오마이스	로키
바비	꼰선	선까
마이삭	찬투	네샷
하이선	덴무	하이탕
노을	민들레	날개
돌핀	라이언록	바냔
구지라	곤파스	야마네코
찬홈	남테운	파카르
페이러우	말로	상우
낭카	냐토	마와르
사우델	라이	구촐
나라	말라카스	탈림
개나리	메기	독수리
앗사니	차바	카눈
야타우	에어리	란
방랑	송다	사올라

일반 태풍부터 초강력 태풍까지

태풍으로 발달한 열대 저기압은 크게 다섯 종류로 나뉘어요. 중심 부근에서 10분 동안 부는 바람의 평균 속도에 따라서 일반, 중, 강, 매우 강, 초강력으로 구분하지요.

일반 태풍의 중심 부근에는 초속 17~25미터 미만의 바람이 불어요. 건물에 붙어 있는 간판이 날아갈 정도의 세기이지요. 중 태풍에서는 초속 25~33미터 미만의 바람이 부는데, 지붕이 날아갈 정도의 세기예요. 강 태풍에서는 초속 33~44미터 미만의 세찬 바람이 불어요. 이 정도 풍속에서는 기차가 탈선할 수도 있어서 기차는 잠시 운행을 멈추는 게 좋아요. 매우 강 태풍에서는 초속 44~54미터 미만의 강한 바람이 불어요. 사람과 커다란 돌이 날아갈 정도로 바람이 강하니, 이런 날에는 절대로 밖에 나가면 안 돼요.

마지막으로 초강력 태풍에서는 초속 54미터 이상의 바람이 불어요. 건물이 무너질 정도로 강한 바람이지요. 그동안 우리나라에 초강력 태풍은 거의 오지 않았지만, 앞으로 지구 온난화로 인해 잦아질 수 있어서 과학자들은 걱정하고 있어요. 초강력 태풍이 상륙하면 우리는 주변에 있는 아주 튼튼한 건물로 대피해야 해요.

태풍을 크기에 따라서 소형, 중형, 대형, 초대형으로 나누기도 했어요. 반지름을 기준으로 300킬로미터 미만이면 소형, 300~500킬로미터 미만이면 중형, 500~800킬로미터 미만이면 대형, 800킬로미터 이상은 초대형으로 분류하였지요. 서울과 부산의 직선거리가 325킬로미터인 것을 생각하면 태풍의 크기가 얼마나 큰지 상상할 수 있을 거예요.

그런데 "소형 태풍이 상륙했다."고 하면 사람들이 크기가 작은 태풍이라고 가볍게 생각하여 대비를 소홀히 하는 문제가 나타났어요. 그래

태풍의 풍속에 따른 강도 분류

서 기상청에서는 2020년부터 공식적으로 태풍을 크기로 나누지 않기로 했어요. 대신에 '강풍 반경'과 '폭풍 반경' 정보를 제공해요. 강풍

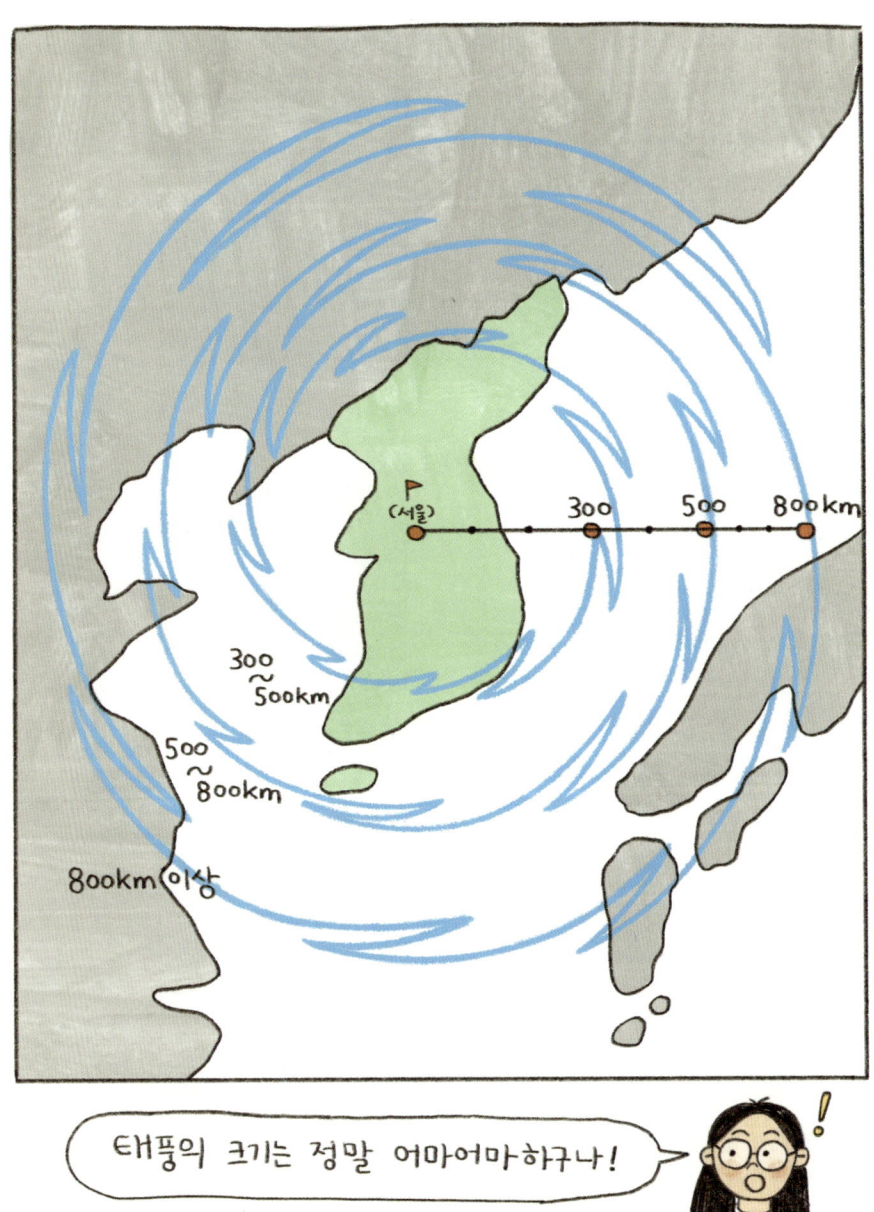

반경은 태풍 중심으로부터 초속 15미터 이상의 바람이 부는 지역이고, 폭풍 반경은 초속 25미터 이상의 바람이 부는 지역을 뜻해요.

태풍을 바람의 세기와 크기에 따라 구분해서 살펴보았지만, 초강력 태풍이나 폭풍 반경이 아니라고 해서 절대로 가볍게 생각해서는 안 돼요. 이것은 상대적인 분류거든요. 태풍은 모두 강한 바람을 불러일으키며 많은 비를 뿌리는 열대 저기압이고, 우리나라에 상륙하면 피해가 발생해요. 지금까지 서울과 수도권에서 발생했던 태풍 피해를 살펴보면 태풍이 강할 때보다 오히려 약할 때 피해액이 더 컸다는 사실을 기억하세요.

열대 바다를 지나 중위도로 갈 테야

태풍이 처음 만들어졌을 때는 열대 저기압 상태예요. 아무리 강한 태풍도 처음에는 세력이 약한 열대 저기압에서부터 시작하지요. 이렇게 발생한 열대 저기압은 동에서 서로 부는 무역풍을 따라 서쪽으로 움직이면서 열대와 아열대 바다를 지나요. 따뜻한 바다 위를 이동하면서 그곳에 쌓여 있는 수증기 에너지, 다시 말해서 잠열을 공급받으며 성장하지요.

 태풍은 점점 세력을 키우면서 북태평양 고기압 가장자리의 흐름을 따라 북서쪽으로 이동하다가, 중위도 지역인 북위 30도 부근에서 편서풍대를 만나면 북동쪽으로 방향을 틀어요. 편서풍이 태풍의 이동 방향을 바꾸는 것이지요. 태풍의 이러한 움직임은 다시 말하면 북태평양 고기압의 서쪽 가장자리를 따라 이동하는 모양새예요. 북태평양 고기압은 여름철과 가을철에 세력이 크게 변하기 때문에 태풍이 이동하는 형태도 달라져요.

태풍은 보통은 무역풍이나 편서풍, 북태평양 고기압의 가장자리를 따라 움직이지만, 동아시아 대륙 위에 형성되는 대륙 고기압의 세기와 대류권 위층에 있는 저기압과 고기압 세력의 위치에 따라서 이동 방향이 바뀌기도 해요.

이것 말고도 태풍의 이동에 영향을 미치는 것은 많아요. 그래서 태풍 예보관은 태풍의 이동을 예측할 때 무척 고심한답니다.

장마철에 빠지지 않고 등장하는 '북태평양 고기압'

장마철이 되면 일기예보에서 "북태평양 고기압의 영향으로……."라는 말을 자주 듣게 돼요. 북태평양 고기압은 북태평양에 위치하는 해양성 아열대 고기압이에요. 열대 지역에서 상승한 공기가 열대 지역 중에서 중위도와 가까운 아열대 지역에서 하강하면서 만들어지는 고기압대이지요. 이 고기압은 1년 내내 유지되며, 중심은 미국 캘리포니아와 가까운 동태평양에 있어요. 여름철에 크게 발달해서 우리나라가 있는 동아시아까지 확장하는데, 이것을 '북서태평양 고기압'이라고 부르기도 해요.

북태평양 고기압은 따뜻하고 습기가 많은 성질을 갖고 있으며, 우리나라 여름철 날씨에 큰 영향을 줘요. 북태평양 고기압이 서쪽으로 확장하면서, 상대적으로 온도가 낮고 건조한 아시아 대륙의 공기 덩어리와 만나면 장마 전선이 만들어져요. 북태평양 고기압 바람에 실려 온 수증기가 장마 전선이 자리 잡은 곳에서 응결되면서 엄청난 양의 비를 뿌리지요.

북태평양 고기압이 더 확장해서 우리나라를 뒤덮으면 숨쉬기 어려울 정도로 습하고 더운 날씨가 이어져요. 여기에 티베트에서 만들어진 고기압까지 더해지면 무더운 찜통더위를 넘어 그야말로 펄펄 끓는 가마솥더위가 찾아오지요.

수증기 없이는 살 수 없어요

태풍은 중위도에 올라오면 약해지기 시작하고, 얼마 지나지 않아서 수명을 다해요. 중위도 지역 바다의 온도는 열대 바다보다 훨씬 낮아서 수증기 에너지 공급이 크게 줄고, 육지에 상륙하면 아예 수증기 공급이 중단되기 때문이지요. 태풍의 가장 중요한 에너지원이 바다로부터 공급되는 수증기가 응결하면서 발생하는 잠열인 것을 기억하지요? 수증기를 공급받지 못하면 잠열 또한 얻을 수 없어서 태풍은 육지에 상륙한 다음에는 약해지고, 결국 소멸하고 말아요.

태풍이 육지로 올라오면 태풍의 아랫부분이 가장 먼저, 가장 많이 변화해요. 육지는 산이 많아서, 표면이 매끈한 바다와 비교했을 때 훨씬 거칠기 때문이에요. 태풍이 지표면과 부딪치는 마찰이 커지면 태풍의 바람 세기가 급격하게 약해지고, 태풍이 사라지는 시기도 앞당겨져요.

다시 정리해 보면, 태풍은 열대 바다에서 만들어져서 해수면 온도가 높은 바다를 지나면서 세력을 키워요. 중위도 지역으로 북상하거나 육지에 상륙하면 갖고 있던 에너지를 다 사용하고 수명을 다하지요.

태풍이 어떻게 10여 일 또는 이보다 짧은 시간 동안 무시무시한 힘을 얻고, 사라지는지 이해되었나요? 다음 장에서는 태풍의 생김새를 자세히 살펴보아요.

3. 태풍의 생김새

태풍은 크기가 비교적 작은 경우에도 반지름이 300킬로미터나 돼요. 이렇게 거대한 태풍의 전체 모습을 보려면 어떻게 해야 할까요?

이럴 때는 하늘 높이 떠 있는 인공위성을 활용하면 돼요. 인공위성이 관측에 활용되기 전인 1970년대 중반까지는 태풍의 생김새를 정확하게 파악할 수 없었어요.

인공위성으로 찍은 태풍 사진을 보면 수증기가 많은 공기 덩어리가 중심으로 모이는 모습을 잘 볼 수 있어요. 태풍 내부로 들어온 습한 공기는 하늘 높이 올라가서, 거대한 구름 무리인

적란운을 수없이 많이 만들어요. 적란운은 높이가 12~20킬로미터나 되는데, 태풍의 중심으로 갈수록 높아져요.

그런데 적란운으로 둘러싸인 태풍 중심 지역에는 이상하리만치 바람이 약하고 구름도 적은 곳이 있어요. 이곳은 날씨가 맑지요. 무시무시한 비바람이 몰아치는 가운데 청명한 날씨라니! 왜 이런 신기한 현

높다란 구름 '적란운'

적란운은 대기의 아래층에 모인 많은 양의 수증기가 강한 상승 기류를 따라 탑 모양으로 솟구치면서 만들어져요. 구름이 적란운으로 강하게 발달하면 폭우가 쏟아지고 천둥과 번개가 치기도 하며, 심하면 우박이 내리기도 해요.

적란운은 많은 비를 몰고 다닐 때가 많고, '쌘비구름'이라고도 불려요.

상이 일어나는 걸까요? 태풍의 생김새와 태풍을 이루는 요소들을 하나하나 살펴보며 함께 알아보아요.

거대한 구름을 몰고 다니는 태풍

 태풍은 엄청나게 센 바람과 거대한 구름을 몰고 다녀요. 위아래가 뚫린 커다란 원통을 떠올려 보세요. 한쪽 구멍으로 바람을 불면 다른 쪽 구멍으로 바람이 빠져나가겠지요? 태풍의 구름 무리도 마찬가지예요. 원통처럼 생긴 태풍 아래에서 공기가 들어와서 위쪽에서 빠져나가는 구조이지요.

 태풍의 지면 부근에서는 공기가 저기압 회전 방향, 다시 말해서 시계 반대 방향으로 움직이면서 태풍 안으로 모여들어요. 태풍의 또 다른 이름이 '강한 열대 저기압'인 것을 기억하지요? 이 공기는 저기압 회전 방향으로 돌면서 위로 올라가요. 그러다가 태풍의 윗부분이 있는 대류권의 상층부에 다다르면 고기압 회전 방향인 시계 방향으로 불면서 빠져나가지요. 이때 방패 모양의 권운이 만들어져요.

 태풍 내부에서 강한 상승 기류를 타고 대류권의 윗부분으로 올라간 수증기는 금세 차가워져요. 공기는 위로 올라가면 부피가 커지는데,

이 과정에서 가지고 있던 에너지를 사용하기 때문이에요. 상승하는 공기 덩어리는 온도는 낮아지지만, 습도는 높아져서 액체인 물이나 고체인 얼음으로 변해요. 그러다 보면 대기 중에 물이나 얼음이 많아지고, 결국 무게를 이겨 내지 못하고 아래로 떨어지지요. 맞아요, 비가 내리는 거예요. 태풍 안에 수증기가 많을수록 비의 양도 많아져요.

깃털을 닮은 구름 '권운'

권운은 지표면에서 10킬로미터 정도 떨어진 대기층에서 만들어져요. 기온이 아주 낮은 높은 고도에서 생겨나기 때문에 구름 안에 물방울은 없고 작은 얼음덩어리가 가득해요.

©Simon A. Eugster

구름이 새털처럼 생겼지요? 권운은 '새털구름', '털구름'으로도 불린답니다.

수증기는 물이나 얼음으로 변하면서 태풍 중심에 잠열을 방출해요. 이때 태풍 안은 자연히 기온이 높아지고, 상승 기류도 강해져요. 그러면서 태풍은 주변에 있는 공기를 빨아들이는데, 열대 지역의 풍부한 수증기가 태풍 아랫부분으로 빨려 들어가요. 이런 과정이 반복되면서 태풍은 더욱 성장해 나가지요.

맑은 하늘이 보이는 태풍의 눈

태풍의 거대한 구름 덩어리 중심에는 바람이 약하고 구름도 적은 지역이 있어요. 하늘에서 내려다보면 구름 중심에 동그란 눈이 있는 것처럼 보여서 이곳을 '태풍의 눈'이라고 불러요.

태풍의 눈은 두꺼운 구름으로 둘러싸여 있어요. 이 구름은 세계에서 가장 높은 산인 에베레스트산보다 더 높은 절벽과 같아서 '눈벽' 또는 '벽운'이라고 불러요. 눈벽 구름은 태풍을 이루는 구름 중에서 가장 키가 커요. 또 건물의 벽처럼 똑바로 서 있지 않고, 위로 올라갈수록 바깥으로 벌어지는 원통처럼 생겼지요.

눈벽 구름의 아래에서는 비가 많이 내려요. 게다가 바람도 아주 강하지요. 태풍의 중심으로 모여든 공기가 눈벽 구름을 따라 돌면서 빠

인공위성에서 찍은 태풍 매미(2003)예요. 구름 가운데 동그란 것이 '태풍의 눈'이에요.

르게 상승하거든요. 그래서 태풍이 왔을 때 눈벽 구름이 지나는 지역에서는 세찬 비와 바람 때문에 큰 피해가 발생해요.

그런데 신기한 일이 있어요. 태풍의 눈을 감싼 눈벽 구름에서는 비와 바람이 강하게 몰아치는데, 정작 안에서는 바람이 약하게 분답니다. 그 이유는 바로 태풍 중심으로 불어 들어가는 바람이 눈벽 구름의 강한 상승 기류에 막혀서 눈벽 구름 안으로 들어가지 못하기 때문이에요. 원통 옆에서 바람이 세차게 불어도, 원통 안에는 바람이 불지 않는 것과 같은 원리예요.

태풍의 눈에서는 바람이 거의 불지 않거나, 밑으로 내려가는 공기의 흐름이 약하게 나타나기도 해요. 태풍이 열대 저기압인 만큼 저기압의 특성상 모든 곳에서 항상 공기가 상승할 거 같지만, 그렇지 않아요. 태풍의 눈이나, 바로 뒤에서 설명할 해자 지역에서는 하강 기류가 나타난답니다. 이처럼 공기가 아래로 내려오면서 태풍의 눈 안에서는 기온이 높아지고 구름 없는 맑은 하늘이 보이기도 해요.

태풍의 눈 크기는 대부분 반지름이 15~30킬로미터이지만, 1.5킬로미터 정도로 작거나 185킬로미터에 이를 만큼 아주 큰 경우도 있어요.

더욱 신기한 것은 모든 태풍에 태풍의 눈이 생기는 게 아니라는 사실이에요. 태풍의 세력이 약하면 눈벽 구름도 약하게 발달하고, 눈벽 구름의 상승 기류도 약해져요. 그래서 태풍의 중심으로 불어 가는 바람이 눈벽 구름을 통과할 수 있게 되고, 태풍의 눈이 생기지 않아요.

때로는 두꺼운 구름이나 천둥과 번개를 동반한 구름이 태풍의 중심을 덮는 때도 있어요. 이런 때에는 인공위성으로 태풍을 봤을 때, 태풍의 눈이 보이지 않아요.

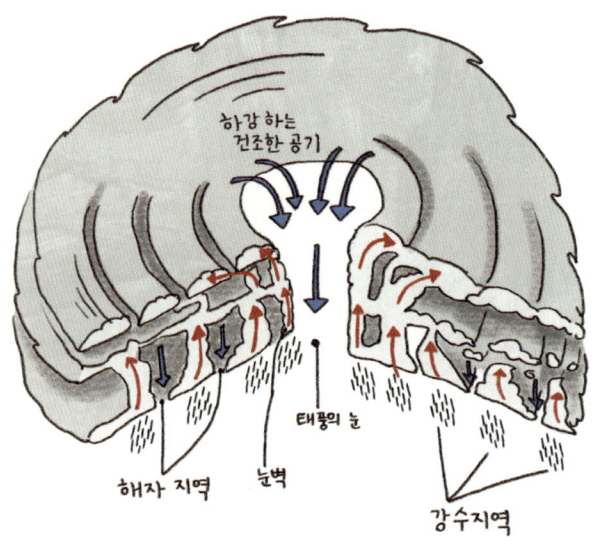

태풍을 잘라 낸 단면이에요.

엄청난 비를 뿌리는 비구름

태풍은 하루 이틀 사이에 어느 지역에서 1년 동안 내리는 비의 절반 이상을 뿌리기도 해요. 태풍에 수도 파이프를 연결해 놓은 것은 아닐 텐데, 도대체 이 많은 비는 어디에서 오는 것일까요?

태풍은 바다에서 증발한 수증기를 모아서 비로 뿌리는 엔진과 같아요. 태풍에서 비를 뿌리는 구름과 바람의 형태를 살펴보면, 구름의 중심에는 눈벽 구름이 있고 그 주변 지역으로 저기압 회전 방향으로 도는 회오리 모양의 바람을 찾을 수 있어요. 바로 이 태풍의 눈을 둘러싼 눈벽 구름 지역에서 매우 강한 비구름이 만들어지지요.

눈벽 구름 밖으로는 비구름의 활동이 급격하게 약해지는 지역이 나타나는데, 이곳을 '해자 지역'이라고 해요. 해자는 도시나 성 주위에 둘러 판 연못을 부르는 말이에요. 옛날에 유럽에서는 나라와 성을 방어하려고 도시나 성 주위에 해자를 만들었지요. 태풍에 레이더 전자파를 쏘아 반사된 모습을 보면 눈벽 구름 주위는 구름이 없어서 하얗게 보이는데, 이 모습이 꼭 해자를 닮아서 이러한 이름이 붙었답니다.

해자 지역에서는 공기가 상승하지 않고 오히려

하강해요. 공기는 어느 한쪽으로 몰리지 않으려는 성질을 갖고 있어요. 이러한 성질은 태풍 안에서도 나타나서, 공기가 상승하는 지역이 있으면 다른 곳에서는 공기가 하강하여 어느 한 곳으로 공기가 쏠리지 않도록 하지요. 만약 공기의 균형이 맞춰지지 않으면 태풍 안에 있는 모든 공기가 한꺼번에 하늘로 올라가 버리고 말 거예요. 그러면 우리가 있는 지표면에는 공기가 줄어들어 숨쉬기가 어려워지겠지요?

해자 지역에서는 바람이 약하고 비도 거의 내리지 않지만, 해자 지역의 바깥은 또 달라요. 이곳에는 달팽이 껍데기 모양의 나선형 비구름 띠가 만들어져요. 해자 지역의 바깥쪽에서는 다시 상승하는 기류가 나타나기 때문이에요.

나선형의 강수 띠는 너비 5~50킬로미터, 길이 100~300킬로미터로 길게 뻗어 있어요. 이 강수 띠는 좁고 매우 강한 비구름과, 이 비구름을 둘러싼 넓은 모루구름이 합쳐져서 만들어져요. 이곳에서는 눈벽구름과 비슷한 정도로 강한 비구름이 만들어지고, 비도 세차게 내리지요. 모루구름은 눈벽이나, 모루구름이 둘러싼 비구름과 비교하면 그 세기가 훨씬 약하지만, 넓은 지역에서 나타나요. 이 나선형으로 뻗은 강수 띠는 면적이 넓어서, 여기서 내리는 비가 태풍이 뿌리는 비의 상당 부분을 차지해요.

태풍의 강한 비구름은 태풍의 중심에서 만들어져서 나선형의 강수 띠를 따라 이동하고, 더 바깥 지역으로 가면서 사라져요. 바깥쪽으로 갈수록 공기의 상승 속도는 약해지고 바람도, 비도 약해지지요.

태풍이 왔을 때 비가 세차게 내리다, 사이사이 비가 잠시 멈추는 듯 약하게 내리는 것을 본 적이 있을 거예요. 이러한 현상은 태풍이 이동할 때 해자 지역과 비구름 지역이 번갈아 나타나서 일어나는 거예요.

모루를 닮은 '모루구름'

강한 적란운의 윗부분에 나타나는 모루 모양의 구름이에요. 태풍의 윗부분에서 공기가 밖으로 빠져나갈 때도 만들어지지요. 태풍의 상층에서 방패 모양의 권운이 길게 뻗은 부분이 바로 모루구름이에요.

생김새가 마치 대장간에서 쇠를 올려놓고 두드릴 때 받침으로 사용하는 모루같다고 해서 '모루구름'이라는 이름이 붙었어요.

중심부로 갈수록 세차게 부는 바람

 태풍 하면 세찬 바람이 가장 먼저 떠오를 거예요. 그래서 태풍 내부에서는 어디서든 바람이 세차게 분다고 생각하기 쉽지요. 정말 그럴까요?

 태풍이 우리나라에 상륙할 즈음에는 반지름이 보통 250킬로미터 정도가 되는데, 모든 곳에서 풍속이 같지는 않아요. 등압선 간격이 조밀해지는 태풍의 중심부로 갈수록 바람이 강해지지요.

 태풍의 바람은 크게 '1차 순환'이라고도 불리는 '주순환'과 '2차 순환'으로 나뉘어요. 주순환은 수평 방향의 순환으로, 반시계 방향으로 도는 공기 흐름이에요. 저기압 주변에서 부는 바람과 같은 모양이지요.

 2차 순환은 수직 방향으로 부는 순환이에요. 태풍의 아랫부분에서 태풍의 중심을 향해 공기가 모여들어 중심부에서 상승하고, 태풍의 윗부분에 이르면 밖으로 나가는 공기의 흐름이에요.

 주순환과 2차 순환을 합쳐서 그림을 그리면 태풍이 나선형의 순환 구조를 가지고 있다는 것을 알 수 있어요. 다시 말해서, 태풍 아랫부분에서는 공기가 나선형으로 회전하면서 태풍의 중심으로 들어오고, 윗부분에서는 나선형으로 회전하며 빠져나가는 형태이지요.

 하지만 사람도 눈, 코, 입이 있는 것은 같지만 자세히 보면 저마다 얼굴이 다르듯이, 태풍도 바람이 부는 형태나 세기 등 세부적으로는 조금씩 차이가 있어요. 따라서 태풍의 바람을 제대로 파악하려면 태풍의 위아래, 좌우, 앞뒤 구조를 모두 구석구석 살펴야 해요. 3차원 구조를 봐야 하는 거지요.

그러면 태풍의 3차원 구조는 어떻게 볼 수 있을까요? 태풍은 너무 거대해서 한눈에 다 들어오지도 않고, 엄청난 비바람을 몰고 다녀서 가까이서 보기도 어려울 텐데 말이지요. 하지만 걱정하지 말아요. 태풍 안을 자유롭게 날아다닐 수 있을 만큼 튼튼한 비행기나 인공위성, 레이더 같은 원격 탐사 관측기구를 이용하면 되거든요. 관측 방법에 대해서는 뒤에서 자세히 알아보도록 해요.

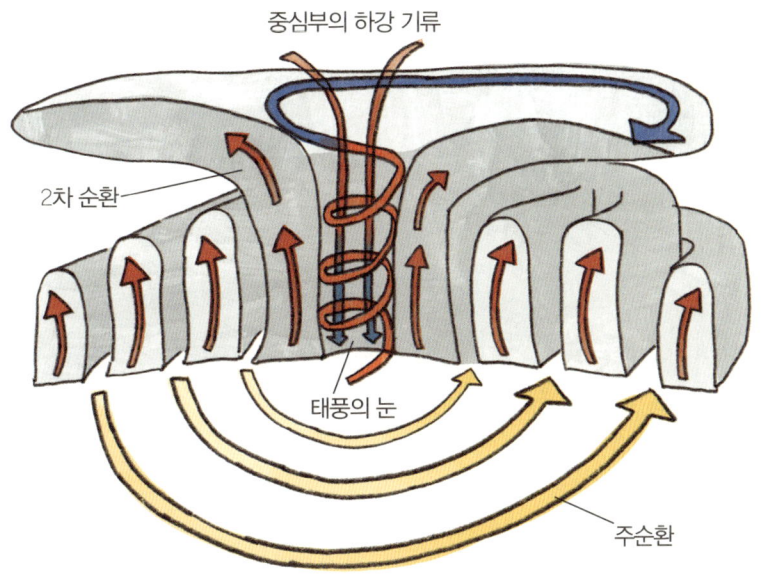

태풍을 만났을 때는 가항 반원으로!

 화물을 가득 싣고 가는 화물선이 바다에서 태풍을 만났다고 생각해 봐요. 운 좋게 화물선이 가려는 방향이 태풍의 진행 방향과 같고, 게다가 태풍의 눈 안에서 태풍과 같은 속도로 이동한다면 바람도 피하고 비도 안 맞을 수 있겠지요?

 하지만 이런 일은 안타깝게도 상상 속에서만 가능하답니다. 오늘날 우리의 과학 수준으로는 태풍이 움직이는 방향과 속도를 정확하게 예측할 수 없거든요.

 물론 태풍을 피해서 멀리 돌아가는 방법도 있어요. 하지만 그러면 이동하는 데 오랜 시간이 걸리고, 그만큼 연료비 같은 여러 가지 비용이 더해져서 큰 손해가 나겠지요?

 이런 경우 '가항 반원'과 '위험 반원'을 알고 있으면 큰 도움이 돼요.

 태풍 주위의 좌우에서는 바람이 똑같이 불지 않아요. 태풍의 진행 방향을 기준으로 태풍의 왼쪽보다 오른쪽에서 강한 바람이 불어요. 태풍이 대기의 흐름을 따라서 움직일 때, 진행 방향의 오른쪽에서는 태풍을 이동시키는 대기의 바람과 태풍의 반시계 방향 회전이 같은 방향으로 합쳐져서 풍속이 강해지기 때문이지요. 반대로 태풍 진행 방향의 왼쪽은 태풍을 이동시키는 대기의 바람과 태풍의 바람 방향이 서로 반대가 되어서 풍속이 약해져요.

이처럼 배가 항해 중에 태풍과 마주쳤을 때 태풍 진행 방향의 왼쪽으로 피하면 태풍 피해를 최소화할 수 있어서, 왼쪽 반원을 '가항 반원'이라고 해요. 오른쪽은 바람이 강해서 위험하므로 '위험 반원'이라고 불러요. 태풍의 위험 반원에 든다면 큰 피해를 입을 수 있으니, 철저히 대비해야 해요.

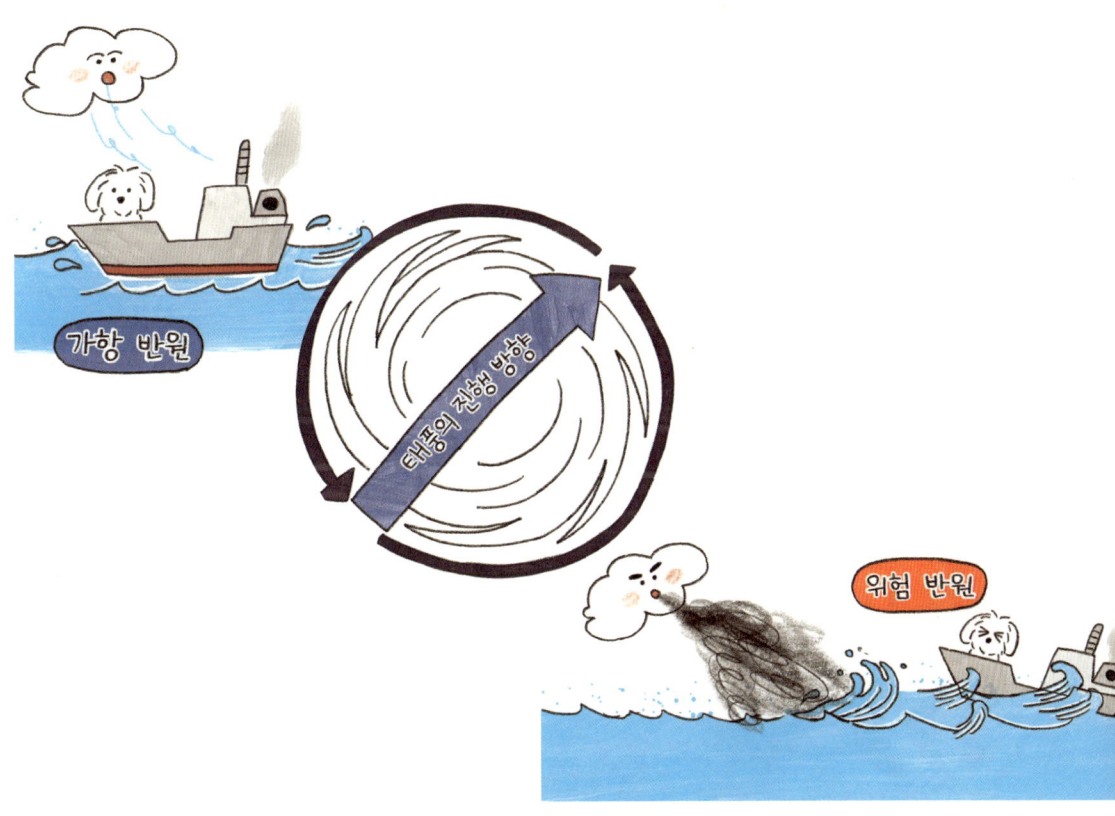

4. 태풍 관측하기

옛말에 '지피지기(知彼知己)면 백전불태(百戰不殆)'라고, 적을 이기려면 적을 알아야 한다고 했어요. 다가오는 태풍에 제대로 대비하려면 태풍에 대해 자세히 알아야 해요.

태풍을 정확하게 예측하려면 가장 먼저 태풍이 현재 어디에 머물고 있고, 구름이 얼마나 크게 발달하였고, 바람은 얼마나 강한지 파악해야 해요.

그런데 큰 문제가 있네요. 태풍은 열대 바다에서 생겨나고 주로 바다로 이동하기 때문에 사람이 가서 관측하기가 어렵거든요. 비바람이 거세서 우리가 관측기구를 가지고 태풍 안을 직접 살펴볼 수도 없지요. 그렇게 한다면 불쏘시개를 메고 불 속으로 뛰어드는 모습과 같을 거예요.

그래서 과학자들은 먼 거리에서 기계를 조종하여 태풍을 자세히 관찰하고 있어요. 우리나라의 태풍을 감시하고 예보하는 기관인 국가태풍센터에서도 이러한 원격 탐사 방법을 이용해서 태풍의 중심 기압과 최대 풍속, 중심 위치 등을 파악하지요.

아직 우리나라에는 도입되지 않았지만, 비행기를 태풍 안으로 들여보내서 관측하는 기술 또한 오래전부터 쓰이고 있어요. 태풍 속을 살펴볼 수 있다니, 정말 놀랍지요? 지금부터 태풍을 관측하는 흥미로운 장비와 방법을 함께 살펴보아요.

태풍을 관측하는 바다 위 부이

여러분도 잘 알고 있듯이 태풍은 먼 바다에서 발생해서 대부분의 생애를 바다에서 보내기 때문에 육지에서는 관측하기가 어려워요. 육지에서는 태풍이 접근하거나 상륙할 때만 관측할 수 있지요.

그렇다면 바다에서는 태풍을 어떻게 관측할까요? 바로 바다에 띄워 놓은 부이나 태풍 주변을 우연히 지나가는 선박을 이용해요.

부이는 바다에 둥둥 떠서 지상의 기압, 풍속, 바닷물의 온도 등을 측정하고 수집하는 장비예요. 부이는 크게 고정 부이와 표류 부이로 나뉘어요. 둘 다 기상 관측 장비가 설치된 진공 상자를 바다 위에 띄워서 관측하는 방식은 같아요. 하지만 고정 부이는 진공 상자가 쇠사

바다에서 기상 상태를 관측하는 부이

시정과 파랑

'시정'은 눈으로 사물을 명확하게 볼 수 있는 최대 거리예요. 대기에 수증기가 많아서 안개가 심한 날을 떠올려 보세요. 멀리 내다보기가 힘들지요? 이때 "시정이 짧다."고 해요.

시정은 대기에 오염 물질이 많은지를 나타내는 기준이 되기도 해요. 미세 먼지가 많으면 하늘이 뿌얘서 멀리 못 보기 때문에 시정이 짧아져요.

'파랑'은 바다와 호수, 강 등의 물 위로 바람이 불면서 물이 일렁거리는 것을 말해요. 일렁이는 물결의 크기가 커지면 파도가 되지요.

슬이나 밧줄로 바닷속에 단단히 고정되어 있어요. 표류 부이는 바닷물이 흐르는 방향을 따라 흐르면서 기상과 해류를 관측하지요.

선박으로 태풍을 관측할 때는 기압과 바람, 기온, 이슬점 온도, 구름, 시정 그리고 해수면 온도와 파랑 등의 정보를 얻을 수 있어요.

땅이 넓은 미국과 오스트레일리아에서는 작은 섬이나 바닷속 암초, 해안가에 자동 기상 관측 장비를 설치해서 태풍 정보를 얻기도 해요. 태풍이 관측 지점을 지나면 육지에 상륙하기 전에 태풍의 강도와 구조를 미리 알 수 있지요.

하지만 이러한 방식들로 얻은 관측 정보는 태풍의 일부만 보여 주는 것이어서 정확한 중심 위치와 세기까지는 파악하기가 어려워요.

관측 장비를 싣고 하늘로 두둥실!

태풍이 어디로 움직일지, 얼마나 강해질지 내다보려면 세찬 바람이 휘감고 있는 태풍 구름 덩어리의 내부와 주변 대기가 어떠한 형태로 이루어져 있는지 알아야 해요. 이것을 관측하는 장비로는 레윈존데와 오토존데, 윈드프로파일러 그리고 항공기가 있어요.

레윈존데는 기상 관측 장비인 라디오존데를 기구에 매달아 하늘로 띄워서, 대류권 윗부분의 기온과 습도, 바람 등을 관측하는 장비예요. 하지만 관측 시스템을 운영하는 데 비용이 많이 들어서 최근에는 관측 지점 수를 줄이고 있지요.

　오토존데는 레윈존데를 자동화한 관측 장비예요. 오토존데 안에는 레윈존데가 여러 개 장착되어 있어요. 시간표를 정해 두면 시간에 맞춰 레윈존데가 자동으로 하늘로 발사되어 관측 활동에 나서지요. 여러분이 리

모컨으로 장난감 자동차를 운전하듯이 원격으로 레윈존데의 발사를 조종할 수도 있어요. 그래서 오토존데는 비가 많이 오거나 바람이 셀 것으로 예상되는 좁은 지역을 특별 관측 하는 데 사용되기도 해요. 오토존데는 신속하게 장비를 이동시켜 원하는 곳에서 관측할 수 있어서 태풍 관측에 아주 유용하게 쓰여요.

윈드프로파일러는 지상에서 대기로 라디오파를 내보낸 다음, 구름과 빗방울, 바람의 소용돌이에서 반사되어 돌아오는 전파를 분석하는 장비예요. 윈드프로파일러를 이용하면 태풍의 바람을 밑부분부터 꼭대기까지 전부 관측할 수 있어요. 우리나라 기상청에서는 윈드프로파일러로 1분마다 태풍 전체 층의 바람을 100미터 간격으로 측정해요.

태풍을 향해 전파를 쏘다!

기상 레이더는 아주 긴 역사를 가진 장비예요. 1940년대 중반부터 태풍 관측에 사용되기 시작했지요. 기상 레이더는 전파를 대기 중으로 발사한 다음, 구름을 이루는 물방울 또는 얼음과 빗방울에 부딪혀 되돌아오는 신호를 이용하는 관측 장비예요. 비가 내리는 지역과 강수량 그리고 비구름이 움직이는 방향과 속도를 알 수 있지요. 짧은 시간 동안 비가 집중적으로 내리는 호우, 우박 그리고 태풍에 동반된 비 등을 감시하고 예측하는 데 쓰여요.

우리나라에서는 1969년에 서울 관악산에 처음 설치했고, 현재 전국에 열한 개의 기상 레이더를 기상청에서 운영하고 있어요. 관악산 꼭대기 연주대에 있는 관측소는 평일에 모든 사람에게 공개되고 있으니, 관악산에 올라갈 기회가 있다면 방문해 보세요. 기상청 직원이 여러 장비와 레이더 영상을 친절하게 설명해 줄 거예요.

우리나라에 설치된 열한 개의 레이더를 이용하면 육지뿐 아니라 주변 바다까지도 자세하게 관측할 수 있어요. 레이더는 바람이 어느 정도의 속도로 어떤 방향으로 부는지, 비가 얼마나 많이 그리고 어느 정도의 세기로 오는지 관측할 수 있어서 태풍의

관악산 정상에 있는 관측소예요.
골프공 모양으로 설치된 것이 레이더랍니다.

강도를 측정하고 태풍의 눈 위치를 찾는 데 아주 좋아요.

특히 해안가에 설치된 레이더는 태풍이 육지에 접근하기 전에 미리 감시하는 역할을 해요. 우리나라에서는 제주도 고산과 성산포에 설치된 레이더의 관측 자료를 분석해서, 우리나라로 접근하는 태풍의 구조를 파악하지요. 레이더는 육지뿐만 아니라 선박이나 항공기, 인공위성에도 설치할 수 있어요.

지구 밖에서 태풍을 내려다보는 인공위성

기상 위성은 하늘 높이 떠서 지구를 관측해요. 관측 영역 안에서 발생하는 태풍을 전부 볼 수 있지요. 기상 위성은 크게 '정지 궤도 기상 위성'과 '극궤도 기상 위성'으로 나뉘어요.

정지 궤도 기상 위성은 적도에서 3만 6천 킬로미터 떨어진 높이에서 지구 주위를 공전하면서 기상 현상을 관측하는 장비예요. 지구가 자전하는 속도와 같은 속도로 지구를 돌고 있어서 우리가 볼 때는 위성이 정지된 것처럼 보이기 때문에 정지 궤도 위성이라는 이름이 붙었어요. 현재 기상 관측에 사용되는 우리나라 정지 궤도 위성의 이름은 '천리안'이에요. 일본과 미국, 인도, 유럽 등도 저마다 정지 궤도

위성을 가지고 있어요. 이 위성들을 사용하면 현재 태풍으로 발달한 열대 저기압뿐만 아니라, 앞으로 태풍으로 발달할 가능성이 있는 열대 구름 무리도 관찰할 수 있어요.

극궤도 기상 위성은 약 1천 킬로미터 높이에서 남극과 북극을 가로질러 지구를 공전하면서 기상 현상을 관측하는 장비예요. 지구를 한 바퀴 도는 데 100분 정도 걸리며, 낮과 밤에 한 번씩 같은 장소를 관측하지요. 극궤도 위성으로도 태풍을 볼 수 있지만, 하루에 한 번이나 두 번밖에 볼 수 없어서 잘 쓰이지는 않아요.

세계 각 나라의 기상청에서는 인공위성으로 관측한 태풍의 모양을 이용해서 태풍의 강도와 중심 위치를 파악해요. 우리는 태풍이 처음 생길 때부터 완전히 사라질 때까지 모든 과정을 하나하나 볼 수 있는 세상을 살고 있어요. 인공위성이 없던 옛날에는 태풍을 관찰하고 예측하기가 무척 어려웠을 거예요.

태풍 속을 구석구석 누비는 비행기

비행기를 타고 가서도 태풍과 태풍의 주변을 살펴볼 수 있어요. 태풍 속으로 들어간 비행기는 태풍의 아래쪽부터 위쪽까지 구석구석 날면서 관측해요. 육지와 바다에서 쓰이는 관측 장비와 레이더, 인공위성으로는 볼 수 없는 정보를 얻을 수 있지요.

비행기에 드롭존데를 달면 태풍의 수직 구조도 살펴볼 수 있어요. 드롭존데는 라디오존데에 낙하산을 달아서 비행기에서 떨어

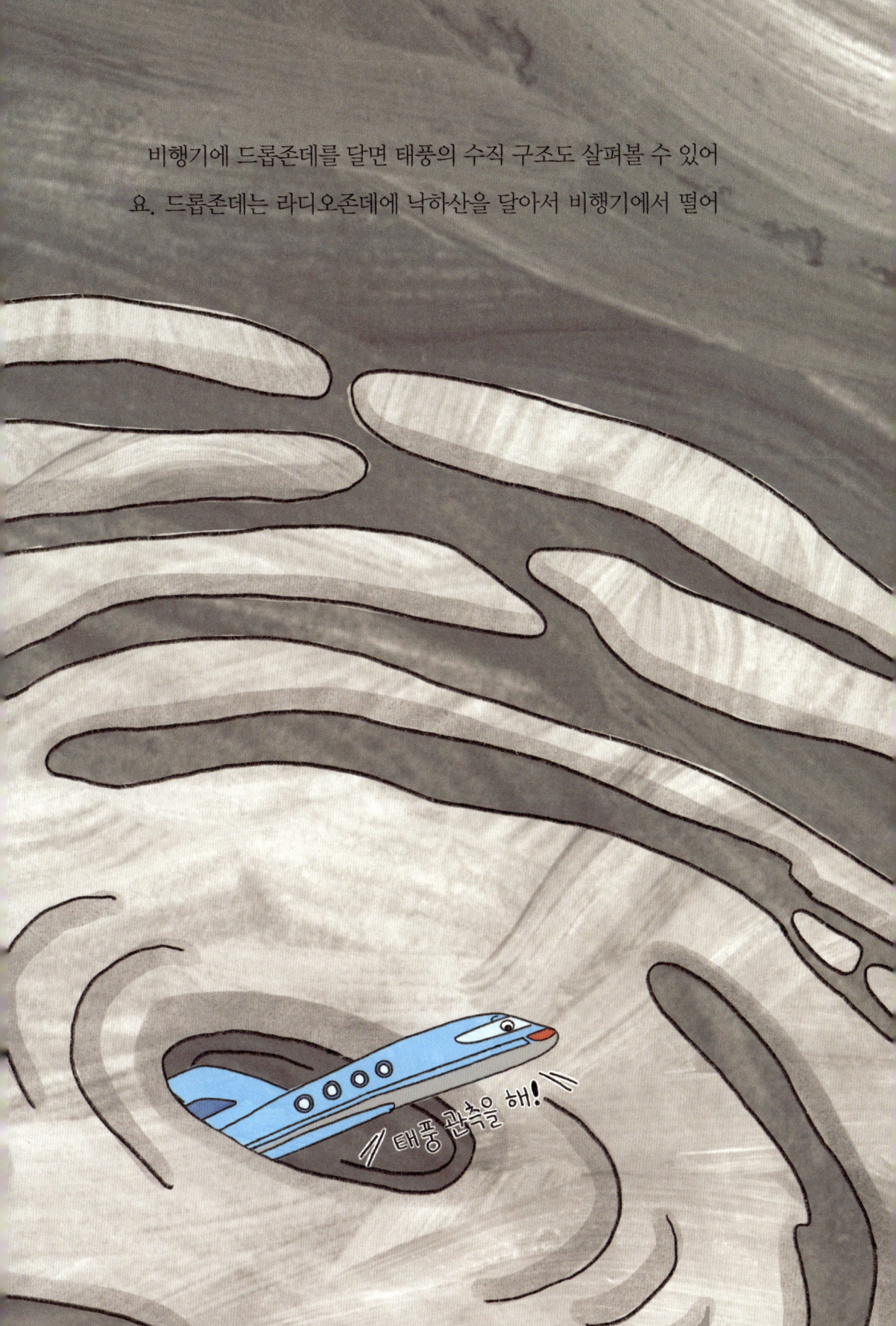

뜨리는 방식으로 쓰여요. 태풍의 중간 높이부터 지면까지 내려가면서 바람과 기온, 습도를 관측하지요. 드롭존데를 이용하면 태풍이 현재 어디 있는지 훨씬 더 정확하게 알 수 있어요. 우리가 예측하는 태풍의 위치와 실제 위치 사이의 거리 차이가 2킬로미터 미만밖에 되지 않지요. 그래서 태풍이 앞으로 어떻게 진행될지 예보할 때도 더 정확한 정보를 제공할 수 있어요.

태풍 예보관은 비행기를 이용해서 얻은 태풍의 위치와 강도 정보를 가장 신뢰해요. 모든 태풍 관측에 비행기를 이용하면 태풍 예보에 큰 도움이 될 거예요. 하지만 태풍의 거센 바람을 견뎌 내려면 비행기가 아주 튼튼해야 하고, 제작하는 데도 비용이 많이 들어요. 그래서 이런 비행기는 특정한 태풍을 관측할 때만 사용돼요.

그런데 알고 있나요? 우리가 멀리 여행할 때 타는 비행기도 태풍 예측에 도움이 되고 있다는 사실을요. 비행기에 대기를 관측하는 장비를 달아서, 한 시간 간격으로 비행 고도의 바람과 기온, 난류 같은 정보를 수집하는 거지요. 기상청에서는 이렇게 수집된 기상 자료를 태풍 예측에 쓰기도 해요.

최근에는 인공위성에서 보내는 신호를 이용해 자신의 위치를 정확히 알 수 있는 기술인 GPS와 소형 통신 기기 기술이 발달해서, 에어로존데도 많이 활용되고 있어요. 에어로존데는 사람이 타지 않는 작은 비행기로, 라디오 주파수나 위성 통신으로 조종해요. 에어로존데에는 바람과 기압, 고도, 기온, 습도를 감지할 수 있는 장치가 설치되어 있어요. 에어로존데를 하늘로 띄우면, 지상에서 5킬로미터 떨어진 높이까지 태풍과 태풍 주변 환경을 관측할 수 있어요.

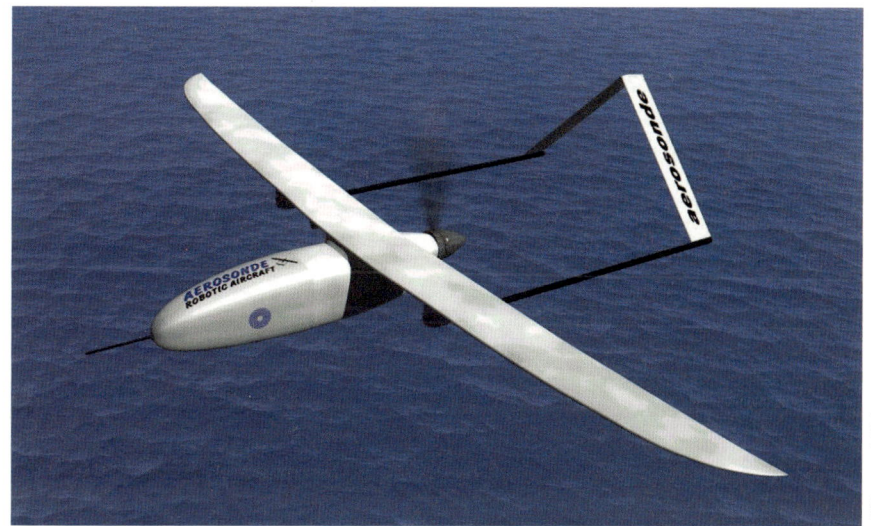

각종 기상을 관측해 자료를 수집하고 있는 에어로존데예요.

5. 태풍에 대처하기

　태풍은 대개는 중위도로 올라와서 소멸해요. 물론 중위도로 올라오더라도 바다에만 머무르다 사라지기도 하지요. 이런 태풍은 사람들에게 큰 피해를 입히지 않아요. 하지만 태풍이 중위도로 올라오면 육지에 가까이 접근하거나 상륙하는 경우가 많아요. 중위도 지역은 바다보다 육지의 면적이 더 넓어서 태풍은 육지를 피해 갈 수가 없지요.

태풍이 육지에 상륙하면 강한 바람과 폭우로 인해 엄청난 피해가 발생해요. 그래서 북서태평양에서 태풍이 발생하면 북서태평양에 접한 모든 아시아 국가가 주의 깊게 지켜봐요. 우리나라 또한 마찬가지예요. 우리나라 기상청은 모든 태풍의 발달 과정과 이동 위치를 감시

태풍은 무시무시한 비와 바람을 몰고 와요.

하고, 태풍이 앞으로 어떻게 진행될지 예측해요. 우리나라에 태풍이 상륙할 가능성이 있다는 예보가 나오면 태풍 예보관은 태풍이 소멸할 때까지 비상근무 체제에 들어가지요.

그러면 태풍이 오면 어떤 피해가 일어나는지, 태풍이 왔을 때는 어떻게 대처해야 하는지 살펴보고, 태풍을 예보하는 방법도 함께 알아보아요.

물난리와 산사태, 해일을 일으키는 태풍

태풍이 육지에 상륙하면 크든 작든 피해가 생겨요. 대부분의 피해는 폭우와 강풍, 파도, 해일에 의해서 일어나요. 강에 가깝거나 지대가 낮은 지역에서는 홍수가 나고, 산 아래에서는 산사태가, 해안가에서는 큰 파도가 치고 해일이 일어날 수도 있어요.

해일은 높은 바닷물이 강한 바람을 타고 해안선으로 밀려오는 현상이에요. 태풍이 심할 때는 파도의 높이가 5미터나 되는 해일이 일어나기도 해요. 이런 해일이 해안가 마을을 덮치면 순식간에 물바다가 되고 말지요. 만약 산과 강에 가까운 바닷가 지역에 산다면 홍수와 산사태, 파도, 해일이 모두 발생할 수 있으니 더욱 조심해야 해요.

폭우, 강풍, 풍랑, 해일이 왔을 때는
조심, 또 조심!

- **폭우** : 홍수가 일어나서 집과 도로, 학교 등 땅 위에 있는 모든 것이 물에 잠길 수 있어요. 홍수는 주변보다 지대가 낮은 곳에서 일어나기 쉬워요. 강가에서는 강물이 강둑을 넘어 범람하는 홍수가 자주 일어나요. 폭우가 오면 산 근처에서는 빗물에 흙과 나무가 쓸려 내려와 산사태가 일어나기도 해요.

- **강풍** : 강한 바람에 가로수가 쓰러지고 간판 등이 떨어질 수 있어요. 거대한 송전탑이나 작은 전봇대에 달린 전선이 바람에 의해 끊기기도 하여 정전이 발생하고, 전기 합선으로 불이 나기도 해요.

- **파도** : 바닷가로 세찬 파도가 치면 땅이 무너지거나 항만 시설이 파괴될 수 있어요. 해안가에 정박한 배가 넘어지거나 서로 부딪칠 수도 있어서, 작은 어선은 태풍이 오기 전에 육지로 옮겨서 줄로 묶어 놓아야 해요.

- **해일** : 해안가 지역으로 밀려든 바닷물에 여러 시설물이 물에 잠겨요. 도로 위로 바닷물이 들어오면 차가 다닐 수 없어서 사람들이 고립돼요. 또 소금기가 있는 바닷물이 논이나 밭에 고이면 농작물이 말라 죽어요.

우리나라를 거쳐간 가장 강력한 태풍

　2022년 현재 우리나라에서 관측된 바람 중 가장 강한 바람을 동반한 태풍은 2003년 남부 지역에 상륙한 '매미'예요. 초속 60미터에 이르는 아주 강한 바람이 제주도에서 관측되었지요. 이처럼 센 바람은 섬이나 바닷가에서 자주 나타나요. 이러한 지역에는 바람을 막아 주는 산이 없어서 바람의 세력이 약해지지 않거든요.

　그런데 알고 있나요? 2003년에는 풍속계로 측정할 수 있는 바람의 최대 세기가 초속 60미터였어요. 다시 말해서 태풍 매미의 최고 풍속이 초속 60미터 이상이었는데 초속 60미터로 표시되었던 것일 수도 있지요. 이후로 풍속계의 측정 범위는 더 높아졌어요.

　우리나라에서 지금까지 가장 많은 비를 동반한 태풍은 2002년에 찾아온 '루사'예요. 2002년 8월 31일에 강원도 강릉에서는 870.5밀리미터의 비가 관측되었어요. 870밀리미터면 어린이 여러분의 가슴 높이까지 비가 내린 거예요. 당시에는 870밀리미터의 강수량은 상상할 수 없는 양이었어요. 그전까지는 비가 아무리 많이 와도 하루 강수량이 500밀리미터를 넘지 않았거든요. 우리나라의 한 해 강수량이 1300~1400밀리미터 정도이니, 그날 강릉에서는 1년 강수량의 60퍼센트 이상이 하루 만에 내린 셈이지요.

태풍의 무시무시한 위력!

평균적인 크기와 강도의 태풍은 1945년 일본 나가사키에 떨어져 엄청난 재앙을 불러일으킨 원자 폭탄의 1만 배에 달하는 에너지를 가지고 있어요. 태풍의 위력이 얼마나 큰지 다른 현상과도 비교해서 살펴보아요.

1950년 전 세계 열 소비량

태풍

강도: 1/10,000,000,000,000 1/10,000,000,000 1/10,000 1/10 1 100

돌풍 — 벼락 — 나가사키 원폭 — 크라카토아 화산 폭발

하지만 태풍이 가진 이 엄청난 에너지가 모두 지표에 전해지는 것은 아니에요. 태풍 에너지는 주로 태풍의 몸체를 유지하는 데에 사용돼요. 지표에는 태풍의 맨 아랫부분만 닿을 뿐이기 때문에, 태풍 에너지의 극히 일부만 전해져요. 그런데도 우리는 엄청난 피해를 입는 거예요.

태풍이 이롭기도 하다고요?

하지만 태풍이 꼭 피해만 주는 것은 아니에요. 태풍은 지구에 열 순환이 순조롭게 이루어지지 않을 때 발생하거든요. 태풍은 열대 지역에서 남는 에너지를 중위도로 전달하여 열 순환이 잘 이루어지게끔 하지요. 만약 지구에 태풍이 없다면 열대 지역은 너무 덥고, 중위도 지역은 너무 추워질 거예요.

또 무덥고 건조한 여름에 찾아오는 태풍은 더위를 식히고, 가뭄을 일시에 해소해 줘요. 대기의 오염 물질도 말끔히 씻어 내 주지요.

태풍은 물고기들에게도 이로워요. 태풍이 바다 위를 지나면 바닷물이 잘 섞이고, 바닷속 깊숙이 산소가 공급되기 때문이지요.

슈퍼컴퓨터와 일기도로 태풍을 예측해요

태풍이 찾아오면 엄청난 피해가 발생하기 때문에 사람들은 태풍의 움직임을 예측하고 싶어 해요. 태풍이 언제 어느 지역으로 얼마나 큰 세기를 갖고 상륙할지, 바람과 강수량은 어느 정도일지, 피해가 예상되는 지역은 어디인지 알고 싶어 하지요.

태풍은 어떻게 예측할 수 있을까요? 태풍 예보관은 슈퍼컴퓨터를 이용한 태풍 수치 모델의 예측 결과와 일기도를 종합적으로 살펴서 태풍을 예측해요.

'수치 모델'이라는 말이 조금 어렵지요? 수치 모델은 대기의 움직임을 결정하는 여러 가지 수식을 컴퓨터에 프로그램으로 짜 놓은 거예요. 쉽게 말해서 컴퓨터 코드라고 생각하면 돼요. 수치 모델에는 태양과 지구 복사 에너지의 교환, 비가 만들어지는 과정, 대기와 지표면 사이의 에너지와 운동 과정, 기온의 변화와 바람의 움직임 등 대기 과학의 모든 것이 컴퓨터 프로그램으로 짜여 있어요. 이 프로그램에 지금의 기상 상태를 대입해서 돌리면 미래의 기상 상태를 예측할 수 있지요. 우리나라 기상청은 세계에서 손꼽힐 만큼 빠르고 성능 좋은 슈퍼컴퓨터로 날씨를 예측하고 있어요.

일기도를 통해 태풍의 이동을 예측하는 방법도 한번 알아볼까요? 우선 태풍의 중심 위치와 기압을 일기도에 표시한 다음, 태풍이 지난

며칠간 어떻게 움직였는지 살펴보고 앞으로의 움직임을 추측하는 방법이 있어요. 지상과 대류권의 아래층, 중간층, 위층에 나타난 기압 변화 등을 참고하면 더 정확하게 예측할 수 있지요.

다음으로는 일기도상에 시간에 따라 기압 변화량이 같은 지점을 선으로 연결하여 알아보는 방법이 있어요. 기압이 가장 크게 변하는 지역이 어디인지 찾아보는 것이지요. 태풍은 대개 기압이 변하는 선의 골 방향과 대기 흐름의 중간 방향으로 이동해요. 이때 기압 변화의 골이 길면 태풍은 골 방향으로 이동하고, 움직이는 속도도 빨라져요.

마지막으로는 대류권에 부는 바람을 이용해서 예측하는 방법이 있어요. 태풍은 대류권의 중간층이나 아래층에 부는 바람을 따라서 움직일 때가 많아요. 크고 강한 태풍은 대류권 중간층의 바람을 따라 이동하고, 작고 약한 태풍은 대류권 아래층의 바람을 따라 이동하지요. 바로 이러한 성질을 이용해서 태풍의 움직임을 내다보는 거예요. 하지만 태풍의 바람은 워낙 강해서 일기도에서 대류권의 바람과 구분해서 보기가 쉽지 않기 때문에, 보통은 태풍의 앞이나 태풍 세력에서 벗어난 지역의 바람을 보고 태풍의 이동 방향을 예측한답니다.

태풍 경보는 언제 발표될까요?

기상청에서 발표하는 태풍 예보를 들어 본 적이 있나요? 태풍 예보에서는 "태풍이 내일이나 모레 우리나라에 상륙하겠습니다."라고만 간단하게 말하지 않아요. 그러면 우리가 예보에서 얻을 수 있는 정보가 매우 적을 거예요.

기상청에서는 태풍 예보를 할 때 '태풍 정보', '태풍 예비 특보', '태풍 특보' 이렇게 세 단계로 나눠서 발표해요.

기상청은 북서태평양에서 태풍이 발생해서 이름을 가지면 일정한 시간마다 태풍의 중심 기압과 크기, 바람의 세기를 발표하는데, 이것이 바로 태풍 정보예요.

태풍 예비 특보는 태풍이 우리나라에 상륙할 가능성이 클 때 발표해요. 이때부터 기상청 태풍 예보관은 비상근무에 들어가요. 시시각각 태풍의 현재 상황을 주의 깊게 살피고, 태풍의 며칠 뒤 상황을 내

다보기 위해 우리나라뿐 아니라 다른 나라로부터 가능한 한 많은 정보를 얻으려고 노력하지요.

마지막 단계인 태풍 특보는 우리나라에 태풍이 상륙할 때 전하는 내용이에요. 태풍 특보는 크게 '주의보'와 '경보'로 나뉘어요. 주의보는 우리나라에 일어날 태풍 피해가 비교적 작을 것으로 예상될 때 내려져요. 만약 큰 피해가 생길 것으로 예상되면 기상청은 태풍 경보를 발표해요.

태풍 특보는 우리가 특히 더 신경 써서 들어야 해요. 태풍이 지나는 곳에서는 초속 17미터 이상의 세찬 바람이 불고, 100밀리미터가 넘는 비가 와 큰 피해를 입을 수 있으니, 예보를 듣고 대비를 철저히 해야 해요.

태풍이 왔을 때 대처하는 방법

앞서 살펴본 것처럼 태풍은 어마어마한 피해를 남기고 가요. 하지만 태풍이 와도 잘 대처하면 피해를 크게 줄일 수 있어요. 대부분은 어른이 해야 할 일이지만, 여러분도 할 수 있는 게 많아요. 부모님을 도와서 함께 실천해 보아요.

첫째, 비가 내리기 전에 집이나 주변에 있는 빗물받이와 배수구에 쌓인 쓰레기를 치워요. 그러면 비가 많이 내리더라도 물이 잘 빠져나가서 집 안으로 물이 들어오는 걸 막을 수 있어요.

둘째, 태풍이 접근하면 텔레비전과 라디오를 통해 나오는 태풍 정보에 귀 기울여요. 집에 계속 머무르는 게 안전할지, 대피하는 게 나을지 태풍 정보를 들으며 가족들과 논의하세요.

셋째, 홍수가 났을 때를 대비해서 가족들과 어디로 대피해야 하는지를 미리 알아 둬요. 주요 대피처로는 지대가 높은 곳에 있는 공공시설이 있어요.

넷째, 비바람이 세차게 불면 집 안의 가스 밸브를 잠가요. 방문과 유리창을 잘 닫고, 유리창에서 멀리 떨어져 있어요. 유리창에 테이프를 X자로 붙이는 것도 좋은 방법이에요. 바람에 창문이 깨지는 것을 막을 수 있고, 깨지더라도 유리 조각이 튀는 일을 줄일 수 있거든요.

다섯째, 태풍이 왔을 때 어쩔 수 없이 밖에 나가야 한다면 배수구나 강 주변, 방파제, 산길, 공사장에는 절대 가까이 가지 마세요. 가로등이나 신호등, 전봇대 옆을 지날 때는 위험하니 조심해야 해요.

여섯째, 홍수가 나면 감전될 위험이 있으니 되도록 전기 제품을 사용하지 않아요.

일곱째, 대피할 때는 응급 약품과 물, 비상식량, 라디오, 손전등을 챙겨요. 태풍이 오기 전에 비상용품을 미리 준비해 두면 좋겠지요?

태풍의 피해를 줄이기 위한 대처 방법을 잘 알아두세요.

6. 지구 온난화와 태풍

우리가 살게 될 미래는 어떤 세상일까요? 하늘에 자동차가 날아다니고, 우주도 마음껏 여행할 수 있을까요? 날씨는 어떨까요? 여러분이 지금 선생님 정도의 나이가 될 즈음에 지구의 날씨는 지금과 얼마나 다를까요? 지금과 비슷한 기후를 보일까요? 아니면 지금보다 더 살기 좋거나, 더 나쁜 기후일까요? 타임머신을 타고 미래에 가서 보고 온다면 이런 궁금증이 다 풀릴 텐데 아쉽네요.

미래에 태풍의 활동은 어떻게 변할까요? 지구 온난화와 태풍을 연구하는 과학자들은 미래에는 태풍이 더 많아질 거라고도 하고, 적어질 거라고도 해요. 과학자들도 서로 정반대의 주장을 하고 있으니, 여러분들도 혼란스러울 거예요. 하지만 어느 누구도 기후가 어떻게 변화할 거라고 단정하기는 어려워요. 우리가 아직 모르는 게 너무 많기 때문이지요.

하지만 지구 온난화가 미래에는 더욱 심각해지고, 이러한 상황이 태풍에도 더 큰 영향을 줄 것이라는 예측이 있어요. 따라서 우리는 앞으로의 일에 대비하여 지구 온난화에 대해 자세히 알아 둘 필요가 있지요. 그러면 우선 지구 온난화가 무엇인지부터 함께 살펴봐요.

비상! 지구가 뜨거워지고 있어요

'지구 온난화'라는 말을 책에서, 텔레비전에서 자주 보고 들었을 거예요. 오늘날 지구 온난화로 인한 기후 변화 문제가 심각한 사회 문제로 떠올랐으니까요. 지구 온난화는 지구의 온도가 높아지는 현상을 말해요. 지구의 온도는 왜 높아지고 있는 것일까요?

지구는 태양으로부터 끊임없이 에너지를 공급받아요. 이 에너지를 '태양 복사 에너지'라고 하는데, 지구는 이 에너지를 흡수해서 지구를 따뜻하게 데워요. 지구가 얼어붙지 않고, 우리가 살아가기 적당한 온

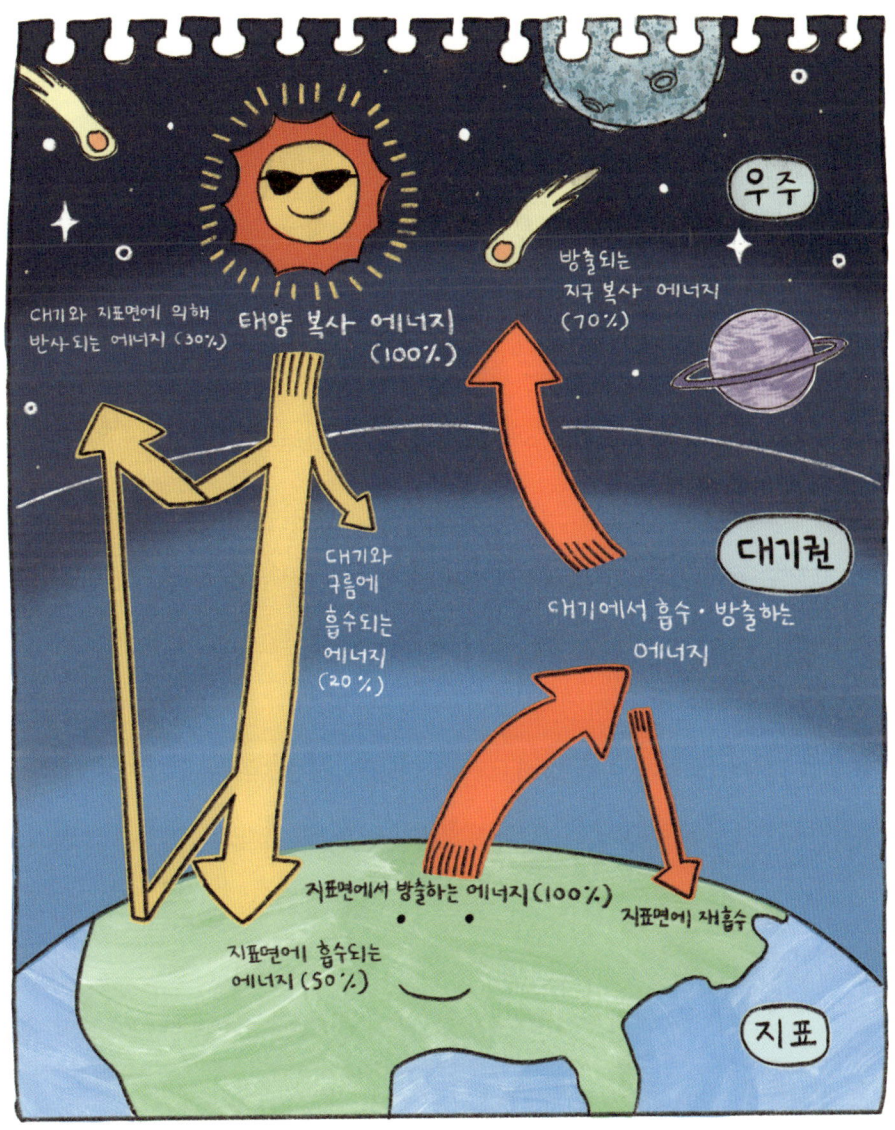

도를 유지할 수 있는 건 바로 태양 복사 에너지 덕분이지요.

그러면 지구는 에너지를 받기만 할까요? 아니요, 그렇지 않아요. 만약 태양으로부터 에너지를 받기만 한다면 지구는 우주에서 가장 뜨거운 행성이 될 거예요. 지구도 태양과 마찬가지로 에너지를 우주 공간으로 내보내요. 이 에너지를 '지구 복사 에너지'라고 해요. 이렇게 에너지가 들어오고 나가는 양을 지구 대기층 꼭대기에서 살펴보면, 흡수되는 태양 복사 에너지와 내보내는 지구 복사 에너지의 양이 같아서 지구의 온도는 크게 변하지 않아요.

한편 대기 중에는 지구 복사 에너지를 흡수하는 기체가 있답니다. 바로 '온실 기체'예요. 대표적으로는 수증기와 이산화 탄소, 오존, 메탄이 있지요. 온실 기체는 우주로 나가는 지구 복사 에너지의 일부를 흡수했다가 다시 지표면으로 내보내요. 온실 기체의 이러한 작용으로 인해 지구 온도는 약 33도가 높아졌고, 이것을 '온실 효과'라고 불러요. 만약 온실 기체가 없다면 지표면 온도는 지금보다 33도 낮을 거예요. 그러면 무척 추워지겠지요?

그런데 큰 문제가 발생했어요. 산업화가 급속도로 이루어지면서 온실 기체가 대기 중에 너무 많아진 거예요. 온실 기체가 많아지면 온실 효과가 커져요. 우주 공간으로 내보내야 할 지구 복사 에너지를 온실 기체가 더 많이 흡수할 테니까요. 그러면 대기 꼭대기 층에서는 지구 복사 에너지가 빠져나가는 양이 줄어들어서 태양 복사 에너지가 지구에 흡수되는 양보다 작아질 거예요.

하지만 지구는 태양 복사 에너지와 지구 복사 에너지 사이의 균형이 깨지는 것을 가만히 두고 보지 않아요. 지구는 지구의 온도를 높여 지구 복사 에너지가 방출되는 강도를 높임으로써 다시 균형을 맞추려고 하지요. 그러면 자연히 지구 온난화는 더욱 심해질 거예요.

더워지는 열대 바다, 늘어나는 수증기

지구 온난화로 전 세계가 더워지고 있어요. 바다보다는 육지에서, 열대 지역보다는 극 지역에서 기온이 더욱 높아지고 있지요. 앞으로도 이런 식으로 지구 온난화가 진행될 거예요.

태풍은 열대 바다에서 발생하고 성장하니까 지구 온난화의 영향을 적게 받을까

요? 아니요, 절대 그렇지 않아요.

바다는 육지보다 비열이 높아요. 다시 말하면 바다와 육지에 똑같은 양의 열에너지가 가해져도 바다보다 육지의 온도 상승 폭이 더 크다는 뜻이에요. 또한 바다는 바닷속에서 물이 아래위로 움직이면서 열이 아래로 전달되기 때문에 바다 표면의 온도 상승이 크지 않아요.

열대 바다 표면의 온도 상승이 상대적으로 작은 것은 온도가 이미 높기 때문이에요. 게다가 열대 바다는 대류권의 높이가 중위도의 1.5배, 극 지역의 두 배에 이르기 때문에, 증가한 열에너지가 그만큼 대기로 많이 흩어지지요.

이처럼 열대 바다는 육지나 다른 지역에 비해 온도가 크게 오르지 않는 특징을 가지고 있어요. 하지만 이러한 특성에도 열대 바다의 온도는 지구 온난화로 인해 뚜렷하게 올라가고 있지요. 지금 따뜻해진 열대 바다는 가까운 미래에 지구 온난화가 멈춘다고 해도 예전의 온도로 돌아가는 데 수십, 수백 년도 더 걸릴 거예요.

열대 바다의 온도가 높아지면 자연히 증발하는 수증기량이 늘어나요. 그러면 대기에는 더 많은 수증기가 쌓이겠지요? 태풍을 성장시키는 수증기 에너지가 많아지면 당연히 태풍은 더 빠르게 그리고 더 강하게 발달하게 돼요.

비열이란?

비열은 물질 1그램의 온도를 1도 올리는 데 필요한 열이에요. '칼로리(cal)'라는 단위를 주로 사용하지요. 물의 비열은 1칼로리예요. 흙은 성분에 따라 다르지만 대개는 0.2칼로리 정도예요. 그래서 열 1칼로리로 온도를 높인다면 물은 1도, 흙은 5도가 돼요.

지구 온난화가 태풍을 강하게 만든다고요?

지구 온난화가 계속되면 열대와 극 지역과 마찬가지로 중위도 바다 표면도 온도가 크게 올라가요. 중위도 바다가 따뜻해지면 태풍이 중위도로 올라와서도 세력이 빨리 약해지지 않을 거예요. 강한 강도를 유지하거나, 계속해서 수증기를 공급받아서 오히려 강해질 수도 있어요. 이렇게 되면 태풍이 많이 상륙하는 우리나라와 일본은 정말 큰일이지요.

지구 온난화의 영향은 지구 온도를 높이고 대기에 수증기량을 증가시키는 데 그치지 않아요. 중위도를 휘도는 편서풍도 약화시켜요.

편서풍이 열대와 중위도 지역 간의 기압 차이 때문에 발생한다는 것을 기억하지요? 지구 온난화가 계속되면 중위도 지역의 기온이 올라가서 위도 간의 기압 차이가 줄어들고, 편서풍이 약해져요. 태풍을 움직이게 하는 편서풍이 약해지면 중위도에서 태풍이 이동하는 속도가 느려질 거예요. 태풍이 육지에 상륙해서 빨리 지나가야 피해가 적을 텐데, 머무르는 시간이 길어지니 태풍 피해도 더 커질 거고요.

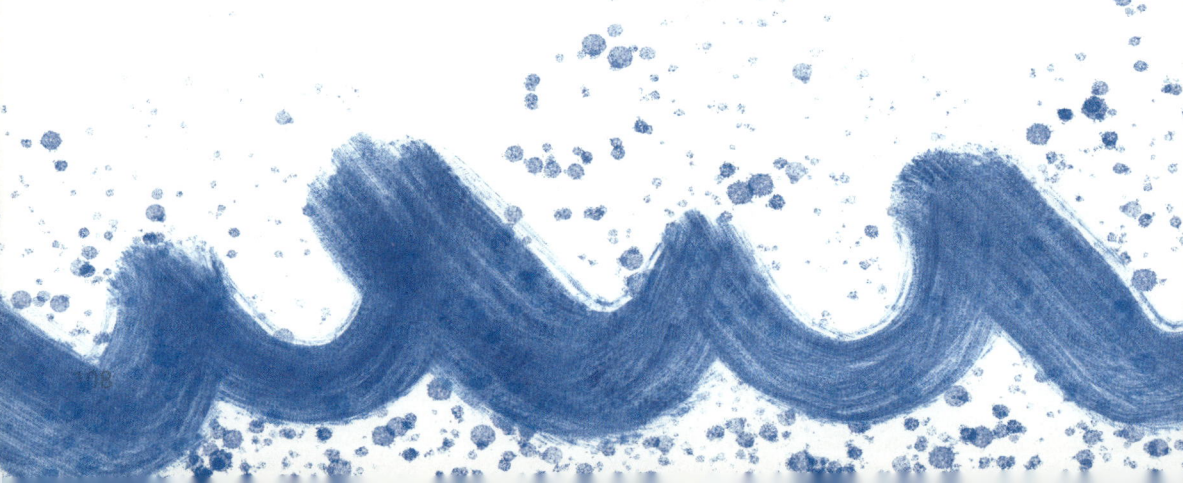

미래에는 태풍이 더 많아질까, 적어질까?

많은 과학자가 지구 온난화가 계속 이어진다면 미래에는 태풍이 지금보다 더 세지고, 태풍 피해도 커질 거라고 봐요. 태풍의 수는 어떻게 될까요? 지금은 해마다 두세 개 정도의 태풍이 우리나라에 영향을 끼치는데, 미래에는 더 많아질까요, 적어질까요? 아니면 지금과 비슷할까요?

지구 전체적으로 보면 태풍의 발생 수는 줄어들 것으로 예상돼요.

태풍이 발생하는 중요한 원인 가운데 하나는 열대 지역과 중위도 지역 간의 열에너지 차이예요. 지구는 두 지역 사이의 에너지 차이를 줄이려고 열대

바다에 쌓인 열에너지를 태풍이라는 거대한 원통에 담아서 10여 일 안에 중위도 지역으로 옮기는 거지요. 그런데 지구 온난화로 중위도 지역의 기온이 크게 오르면 열대 지역과 열에너지 차이가 그만큼 줄어들 거예요. 그러면 태풍도 덜 생기겠지요.

하지만 이것은 전 지구 전체를 보았을 때 평균적으로 그러할 것이라는 예상이에요. 북서태평양, 다시 말해서 우리나라에 영향을 끼치는 태풍이 만들어지는 지역에서도 태풍의 발생 수가 줄어들 것이라고

는 확신할 수 없어요. 그러니 우리는 계속해서 지구 온난화와 태풍을 주의 깊게 살피면서 앞으로 있을지 모를 더 큰 피해에 철저히 대비해야 해요.

  태풍을 공부하는 어린이가 많아져서 태풍에 대해서 더 많이 알게 되고, 미래에는 우리나라와 다른 여러 나라에서 태풍 피해가 크게 줄었으면 하는 바람이에요.

지구 환경 이야기 4

지구를 뒤흔드는
바람개비
태풍

초판 1쇄 발행 2022년 8월 30일 | **초판 2쇄 발행** 2023년 12월 29일
글 허창회 | **그림** 이다혜

펴낸이 홍석 | **이사** 홍성우 | **편집부장** 이정은 | **편집** 정미진 · 조유진 | **디자인** 권영은 · 김영주
마케팅 이송희 · 김민경 | **관리** 최우리 · 정원경 · 홍보람 · 조영행 · 김지혜
펴낸곳 도서출판 풀빛 | **등록** 1979년 3월 6일 제8-24호 | **제조국** 대한민국 | **사용연령** 8세 이상
주소 서울특별시 강서구 양천로 583 우림블루나인 A동 21층 2110호
전화 02-363-5995(영업) 02-362-8900(편집) | **팩스** 070-4275-0445
전자우편 kids@pulbit.co.kr | **홈페이지** www.pulbit.co.kr
블로그 blog.naver.com/pulbitbooks | **인스타그램** instagram.com/pulbitkids

ⓒ 허창회 이다혜, 2022

ISBN 979-11-6172-493-5 74450 | 979-11-6172-164-4 (세트)

*책값은 뒤표지에 표시되어 있습니다.
*종이에 베이거나 긁히지 않도록 조심하세요. 책 모서리가 날카로우니 던지거나 떨어뜨리지 마세요.
*파본이나 잘못된 책은 구입하신 곳에서 바꿔 드립니다.